Johann-Georg Raben

Annäherungen an Gottfried Wilhelm Leibniz

Teil I:

Veranstaltungen, Interviews etc. zum Leibniz-Gedenkjahr 2016

Mit einem Anhang „Spuren Leibnizens in Hannover"
und einer Bibliographie zu Leibniz

Inhaltsverzeichnis

Vorwort

Als ich – studierter Germanist/Anglist/Psychologe mit historischen und philosophischen Interessen – Ende 2015 aus der Zeitung erfuhr, dass das Jahr 2016 ein „Leibniz-Jahr", das heißt: Leibniz-Gedenkjahr, sein werde, hat es mich sozusagen „in den Fingern gejuckt" **(1)**, in den Nachschlagewerken und andern Büchern meiner gut bestückten Privatbibliothek die einschlägigen Stichworte über den Philosophen nachzulesen. Ich sammelte dann zusätzlich, aus den verschiedensten Quellen, weiteres Material sehr unterschiedlichen Inhalts zum Thema Leibniz – mit dem Ziel, das Gefundene in lockerer Form und zitierender Weise als Buch herauszubringen. Mir erschien das als ein nützlicher Beitrag zum Leibniz-Jahr und zur Leibniz-Forschung. (In ähnlicher Weise hatte ich 2014 bereits eine Materialsammlung zum Jubiläum 1714/2014 der Personalunion Hannover-England – mit dem Titel „Gestalten der englischen und hannoverschen Geschichte" – veröffentlicht.)

Ich verband beim Schreiben das gefundene Material durch eigene Überschriften, Kommentare, Fußnoten etc. und fügte eine Bibliographie an. Auf diese Weise entstand – wegen der Fülle des von mir gefundenen Materials – im Computer ein Buch von mehr als 400 getippten Seiten zum Thema Leibniz, gegliedert in neun Hauptkapitel. **(2)**

Aus diesem in meinem Computer gespeicherten Werk von neun Hauptkapiteln möchte ich hier – um den Leser nicht finanziell und durch die Menge der zu lesenden Seiten zu überfordern – zunächst ein Hauptkapitel (und zwar das erste) plus einem Anhang und einer Bibliographie veröffentlichen. Die übrigen sieben Hauptkapitel werde ich (so jedenfalls habe ich es geplant) zu gegebener Zeit nachliefern – natürlich auch abhängig davon, wie gut die hier vorgelegte Publikation „läuft".

Das hier vorliegende Buch kann also als eine edierte, kommentierte „Collage" von (oft umfangreichen) Zitaten bezeichnet werden – was eine bestimmte, legitime (wenn auch ziemlich ungewöhnliche) Form von Sachbuch darstellt. Offensichtlich bin ich ein Sammler-Typ. („Sammler sind glückliche Leute", sagt der Volksmund.)

Eines der Kapitel fällt jedoch aus dem Rahmen, indem ich mich darin ausführlich mit bestimmten Thesen zu Leibnizens Leben und zu seiner Bedeutung in der Wissenschaftsgeschichte auseinander-setze. Dabei werden auch Fragen der Forschungsmethode behandelt.

Dieses Buch lässt sich auch als eine Dokumentation des Leibniz-Jahres und als eine Literatur-Übersicht zum Thema Leibniz be-schreiben.

Bei dem Hannoveraner Leibniz-Forscher Dipl.-Ing. (Fach: Elektro-nik) Helmut Konietzny bedanke ich mich dafür, dass er mir diverse Literaturhinweise und – in langen Telefongesprächen – weitere wichtige Informationen zu Leibniz geliefert hat. Frau Katrin Ja-nuschke im Archiv der Hannoverschen Allgemeinen Zeitung bin ich dankbar für die Zusendung einschlägiger HAZ-Artikel. Ich bedanke mich auch bei den Verfassern der in diesem Buch wiedergegebenen Zitate und den Herausgebern der betreffenden Zeitschriften bzw. Bücher.

Wenn ich diesem Buch den bescheidenen Titel „Annäherungen" gegeben habe, so gebe ich damit einen Sachverhalt wieder, den der Leibniz-Forscher Professor Erwin Stein (in einem Telefongespräch, das ich mit ihm führte) so beschrieben hat: „Über Leibniz zu for-schen, das ist wie wenn ein Blinder sich einen Elefanten ertastet."

Dr. Johann-Georg Raben im Juni 2017

Fußnoten:

(1) Und <u>wen</u> fasziniert dieser Universalgelehrte <u>nicht</u>!

(2) Die Titel der übrigen (noch unveröffentlichten) Hauptkapitel lauten wie folgt: Leibniz in Enzyklopädien, Lexika, Wörterbüchern, Monographien /// Leibnizens Konflikt mit Isaac Newton /// Leibniz und das Welfenhaus /// Leibniz am kurfürstlichen Hof in Berlin /// Einiges über Leibnizens wissenschaftliche Leistungen /// Diverse Bemühungen, Leibniz adäquat zu würdigen /// Die gefährliche Digitalisierung der Welt.

Veranstaltungen, Interviews etc. zum Leibniz-Jahr 2016

Hannover feiert Leibniz-Jahr 2016

Unter diesem Titel (mit dem Untertitel „Großes Kulturprogramm geplant") war am 30. Dezember 2015 in den Nordhorner „Grafschafter Nachrichten" (Seite 22) der folgende Bericht zu lesen:

*epd **HANNOVER**. Das Jahr 2016 wird in der niedersächsischen Landeshauptstadt Hannover ganz im Zeichen des Universalgelehrten Gottfried Wilhelm Leibniz (1646-1716) stehen. Dann jährt sich der Todestag des berühmten Aufklärungsphilosophen zum 300. Mal und sein Geburtstag zum 370. Mal. Am Festprogramm beteiligen sich Akteure aus Wissenschaft, Kultur, Politik und Kirche. Leibniz war von 1676 an bis zu seinem Tod Bibliothekar am Fürstenhof in Hannover. Ihm zu Ehren wird der zehnte Internationale Leibniz-Kongress vom 18. bis 23. Juli 2016 in Hannover stattfinden. Dazu werden rund 350 Leibniz-Forscherinnen und -Forscher aus mehr als 30 Ländern erwartet. Eröffnet wird das Leibniz-Jahr am 19. Januar mit einer Festveranstaltung im Schloss Herrenhausen. [1] „Leibniz war und ist als Wissenschaftler, Forscher, Denker und Kunstliebhaber nicht nur für die Stadt Hannover, sondern auch für Niedersachsen von herausragender Bedeutung", sagte Annette Schwandner vom Ministerium für Wissenschaft und Kultur. In Hannover tragen zahlreiche Einrichtungen den Namen des Philosophen: die Leibniz-Universität ebenso wie die Leibniz-Schule oder die renommierte Gottfried-Wilhelm-Leibniz-Bibliothek. Vom 21. Juni bis 31. Dezember 2016 zeigt die Bibliothek eine Sonderausstellung zu dem Philosophen.*

Angefügt an den obigen Bericht ist ein Kommentar von Christine Adam mit dem Titel „Großer Bahnhof", den ich hier ebenfalls zitieren möchte:

In Hannover fühlte sich der Europareisende Gottfried Wilhelm Leibniz „körperlich und geistig beengt". Das lässt die Stadt nicht auf sich sitzen, auch wenn Leibniz' Briefäußerung über 300 Jahre her ist. Hannover bereitet dem Universalgelehrten und frühen Aufklärer im Leibniz-Jahr einen richtig großen Bahnhof, um im Bild zu bleiben – mit Veranstaltungen, die wohl kaum einen Aspekt im Leben und Werk des Universalgelehrten unbeachtet lassen.
Gerade auch Kindern und Jugendlichen dürfte der ihnen ferne frühe Aufklärer näher rücken, wenn sie erst einmal seine Erfindungen und Entdeckungen bestaunen: seine Rechenmaschine, Pläne für ein Unterseeboot, Verbesserungen bei Windmühlen und der Erzförderung im Bergbau, seine mathematischen Errungenschaften. Das könnte Neugier-Brücken bauen zur abstrakteren Seite des kreativen Kopfes, zu seinen sprachlichen und philosophischen Ideen. Wer weiß, vielleicht ermutigt sein Vorbild auch, es selbst als kleiner Leibniz zu versuchen? (Die Autorin ist erreichbar unter: autor@gn-online.de)

In einem von der Landeshauptstadt Hannover herausgegebenen Flyer mit dem Titel „Leibniz-Jahr 2016, Programm-Auszug" sind 21 Veranstaltungen der verschiedensten Art aufgelistet; ich nenne davon neben der Oper „Candide" hier nur die folgenden Vorträge (bzw. Vortragsreihen, jeweils mit anschließender Diskussion): „Leibniz als Jurist und Rechtsphilosoph" /// „Schäden, Schulden und Pensionen" /// „Vom Leben in der besten aller möglichen Welten" /// „Monade und Politik bei Leibniz" /// „Inclinata resurget. Gebeugtes wird sich wieder aufrichten" /// „Die Vielfalt der Menschheit"

Fußnote:
(1) Den Festvortrag hielt Dominik Perler über die Leibnizsche Sprachphilosophie. Es ging darin um die Frage, ob auch Tiere denken.

Historisches Museum Hannover plant neues Konzept

Unter dieser Überschrift – mit dem Untertitel: *„Aktuelle Ausstellungen und viele Jubiläen in Hannover"* – war in den niedersächsischen Zeitungen im Januar 2016 die folgende Meldung zu lesen:

*epd **HANNOVER**. Mit einer neu konzipierten Dauerausstellung will das Historische Museum in Hannover sein Erscheinungsbild für Besucher verändern. Das Haus solle nach derzeitiger Planung im Januar 2017 ausgeräumt und grundlegend anders als bisher gestaltet werden, sagte Museumsdirektor Thomas Schwark. Anlass sei das 50-jährige Bestehen des 1966 eröffneten Museums, das im Oktober gefeiert werden soll.*

Ein erster Baustein für das neue Konzept sei die Ausstellung „Typisch Hannover!?", die am 31. August eröffnet wird, sagte Kurator Andreas Urban. Sie gehe auf Besonderheiten der Landeshauptstadt ein und zeige Hannover etwa als Stadt der Welfen, als Stadt mit dem weltweit größten Schützenfest oder als besonders grüne Stadt. Besucher könnten dabei über das Internet und bei Podiumsdiskussionen ihre eigene Sichtweise einbringen.

Jubiläen prägen auch das übrige Jahr 2016. So wurde Hannover vor 775 Jahren erstmals in einer Urkunde erwähnt. **[1]** *Weitere Schwerpunkte sind der 300. Todestag des Philosophen und Universalgelehrten Gottfried Wilhelm Leibniz (1646-1716) und die Schlacht bei Langensalza, die vor 150 Jahren die Herrschaft der Welfen im Königreich Hannover beendete. Eine Ausstellung ab dem 9. März ist dem „Bulli" von Volkswagen gewidmet, der vor 60 Jahren in Hannover zum ersten Mal vom Band lief.*

Im vergangenen Jahr habe das Museum einen Rückgang der Besucherzahlen verzeichnet. (Zitiert aus: Grafschafter Nachrichten, 16. Jan. 2016, S. 22)

Diesem Artikel war ein interessanter Kommentar von Elke Schröder beigefügt, den ich hier ebenfalls wiedergeben möchte:

Das Historische Museum am Hohen Ufer in Hannover schenkt sich zum 50. Geburtstag mit der Neugestaltung der Dauerausstellung etwas Besonderes: Es will sich weiter fit für die museale Zukunft machen – und die Bürger sollen mithelfen.

Das ist eine schöne Idee. Denn: Wer mit einem Stück Geschichte seines eigenen (Stadt-)Lebens das Museum mit neuen Impulsen für die Inhalte bereichern kann, der hat fortan auch eine persönliche Verbindung mit dem Haus. Dieser Dialog, den das Museum seinen künftigen Besuchern anbietet und mit ihnen eingeht, kann nicht nur die Identifikation mit der Stadt, sondern auch mit der Einrichtung stärken.

Hat sich Hannover da vielleicht auch von einem interaktiven Museumskonzept seiner britischen Partnerstadt Bristol inspirieren lassen? Im Hafengebiet der Metropole im Südwesten Englands befindet sich seit 2011 nun das Heimatmuseum M Shed. Es will ein lebendiges Museum sein, in dem Sinne, dass es stetig mit den Einwohnern zusammenarbeitet. So könnte auch Hannover einen besonderen Raum für Diskussionen über die Zukunft schaffen, angeregt durch diese Geschichten aus der Vergangenheit der Stadt. (Die Autorin ist erreichbar unter autor@gn-online.de)

In einer Presseinformation weist das Historische Museum **(2)** auf drei Vorträge von Prof. Brandon C. Look hin, die im Juni 2016 aus Anlass des Leibniz-Jahres in dem Museum stattfanden. Die drei Vorträge standen unter der Überschrift „Wozu noch Leibniz?". Sie behandelten die Frage der „Aktualität der leibnizschen Philosophie". – Ich zitiere die Zusammenfassungen der drei Vorträge:

Prof. Look ist einer der renommiertesten Experten für die Philosophie von Gottfried Wilhelm Leibniz. Er wird sich in den drei Vorträgen an den Themen „Natur", „Freiheit" und „Gerechtigkeit" orientieren.

*[Erster Vortrag:] **Natur** – Leibniz' berühmter „Monadologie", in der die Welt aus Kraftpunkten oder lebendigen Einheiten (Monaden) besteht, denen jeweils eine spontane Tätigkeit innewohnt. - – Obwohl eine Welt aus Monaden zunächst einmal skurril wirkt, sind Leibniz' Grundideen durchaus plausibel und spielen auch eine Rolle in der gegenwärtigen Metaphysik.*

*[Zweiter Vortrag:] **Freiheit** – Leibniz' Idee von anderen möglichen Welten hat die moderne Philosophie immer wieder inspiriert. In der gegenwärtigen Metaphysik, Logik und Sprachphilosophie werden Zentralbegriffe wie Notwendigkeit und Zufälligkeit damit erfolgreich analysiert und erklärt.*

*[Dritter Vortrag:] **Gerechtigkeit** –. Zwar ist Leibniz mit verschiedenen politischen Bemühungen gescheitert, wie zum Beispiel die Versöhnung und Vereinigung der Konfessionen, seinen Glauben an die Fähigkeit des Menschen zur Vernunft ließ er sich dennoch nicht nehmen. Vielleicht ist gerade dieser aussichtslose Optimismus das Geheimnis der leibnizschen Nächstenliebe.*

Die zitierte Presseinformation enthält als Anhang die folgende Mitteilung:

Historisches Museum Hannover – Wir haben die Originale

Das 113 Jahre alte Historische Museum zeigt auch im Jubiläumsjahr „775" die Geschichte unserer Stadt vom Mittelalter bis zur Gegenwart, vom Marktflecken bis zur internationalen Messestadt. Im Mittelpunkt stehen die Sammlung von ca. 500.000 Stück Kultur-

gut und der Fotobestand mit mehr als 1.5 Mio. Bildern. Kostbare Zeugnisse der barocken Repräsentationskultur am hannoverschen Kurfürstenhof werden im 2013 eröffneten Museum Schloss Herrenhausen gezeigt. Sonderausstellungen, Vorträge und ein museumspädagogisches Begleitprogramm bieten einen spannenden Zugang zur Geschichte für alle Altersstufen. 2015 wurden das Museum zum zweiten Mal mit dem Museumsgütesiegel und der Beginenturm mit dem BDA-Preis ausgezeichnet.

<u>Fußnoten:</u>

(1) Ich weise darauf hin, dass die „Hannoversche Allgemeine" aus Anlass dieses Stadtjubiläums eine Reihe mit dem Titel „775 – Hannover historisch" veröffentlicht hat (– jeden Tag einen Artikel, der ein Ereignis aus der Hannoverschen Geschichte beschreibt).

(2) Das Museum hat die Adresse: Pferdestr. 6, 30159 Hannover, Tel. 0511-168-43980. Im Internet: Historisches-Museum-Hannover.de

Der 10. Internationale Leibniz-Kongress des Jahres 2016

In der Vorankündigung dieses Kongresses heißt es im Internet unter „hannover.de/leibniz" unter anderem:

In erster Linie Leibniz' 300. Todestag zum Anlass nehmend, werden die Tätigkeiten und Pläne aus den letzten Lebensjahren des Universalgelehrten von besonderem Interesse sein. Es ist daher naheliegend, die Nachwirkungen und in der Gegenwart aktuell gebliebenen

Ansätze und Überlegungen von Leibniz in den Mittelpunkt des Kongresses zu rücken. In diesem Sinne lautet das Motto des Kongresses: „ – ad felicitatem nostram alienamve" [= „zum Zwecke unseres Glückes oder des Glückes anderer", JGR]. *Den Schwerpunkt des Kongresses sollen dementsprechend Leibniz' Arbeiten zum „commune bonum" (zum allgemeinen Wohl) bilden.*

Seit dem letzten Kongress im Jahr 2011 liegen Tausende von Seiten bisher unveröffentlichter Texte aus dem Leibniz-Nachlass vor – und bis zum Kongress im Jahr 2016 wird durch das Voranschreiten der Edition noch weiteres Material folgen. Es ist zu erwarten, dass diese Texte in vielen Kongress-Referaten ausgewertet werden. In philosophischer Hinsicht wird hier Leibniz' Rationalitätsbegriff, der durchaus auch pragmatische Momente umfasst, von besonderem Interesse sein, da die Arbeit an praktischen Zielen nicht auf eine vollständige Begriffsanalyse warten kann. Die Aufspaltung der Rationalität in wissenschaftliche Rationalität und Ethik ist ein Problem der Moderne, das Leibniz durch die Wiedergewinnung einer Einheit zu lösen versuchte. Neben diesem Schwerpunkt steht der Kongress aber auch für andere Themen der Leibniz-Forschung offen.

Als Veranstalter des Kongresses werden die folgenden wissenschaftlichen Gesellschaften genannt:

<u>Gottfried-Wilhelm-Leibniz-Gesellschaft</u> (federführend) /// <u>Leibniz-Stiftungsprofessur der Leibniz Universität Hannover</u> /// <u>Leibniz Society of North America</u> /// <u>Sociedad Española Leibniz</u> /// <u>Societas Leibnitiana Japonica</u> /// <u>Sodalitas Leibnitiana</u> /// <u>Société d'études leibniziennes de langue française</u> /// <u>Association Leibniz Israel</u> /// <u>Red. Iberoamericana Leibniz</u> /// <u>Centre d'études leibniziennes</u> /// <u>Societatea Leibniz din România</u>

Man staunt, dass also offensichtlich eine beträchtliche Anzahl von Wissenschaftlern, zusammengeschlossen in mehreren wissenschaftlichen Vereinigungen, sich in verschiedenen Nationen und Erdteilen mit dem Leibnizschen Werk und mit dem Weiterdenken der Überlegungen dieses Philosophen befassen. – Es wird dort ferner mitgeteilt:

Neben dem 370. Geburts- und dem 300. Todestag von Leibniz wird die im Jahre 1966 in Hannover gegründete Gottfried-Wilhelm-Leibniz-Gesellschaft das Jubiläum ihres 50. Geburtstages feiern. Die jüngste Jubilarin wird die Leibniz-Universität Hannover sein, die seit 2006 den Namen des Universalgelehrten trägt und damit ein zehnjähriges Jubiläum begehen kann. [1] Eine Reihe weiterer Veranstaltungen in der Stadt ist geplant.

Die Titel der Vorträge, die auf dem Kongress gehalten werden, sowie die Namen der Referenten kann man im Internet unter dem Stichwort „Gottfried Wilhelm Leibniz Gesellschaft" erfahren. Die Vorträge sind teils in deutscher, teils in englischer, teils in französischer Sprache. Sie sollen zu Beginn des Kongresses in einem Sammelband vorliegen. – Man staunt beim Lesen der 15-seitigen Vortragliste über die Vielfalt der Themen.

Die „Hannoversche Allgemeine" [2] berichtete (auf ihrer Kulturseite) über die Festveranstaltung zur Eröffnung des Kongresses unter anderem Folgendes:

Wahrscheinlich ist es besser, den Durchmesser der Erde nicht gerade in Millimetern anzugeben. Schließlich verändert sich die Erde. Gebirge wachsen und erodieren, das Meer steigt und sinkt, und überhaupt hat die Erde nicht die Form einer perfekten Kugel, sondern gleicht eher einer Kartoffel. Millimeterangaben sind für Sand-

körner brauchbar (ein durchschnittliches Sandkorn hat einen Durchmesser von etwa 0,2 Millimeter), bei Planeten versagen sie, und bei der Messung der Distanz von der Erde bis zu einem Fixstern funktionieren sie schon gar nicht.

Auf die Verwirrung, die beim Vergleich des sehr Kleinen mit dem sehr Großen entstehen kann, wies der in Hannover lehrende Philosoph Herbert Breger bei der Eröffnungsveranstaltung zum zehnten internationalen Leibniz-Kongress im Schloss Herrenhausen hin. In seinem Festvortrag „Vom Sandkorn und der Unendlichkeit des Himmels" beschäftigte er sich mit der Relativierung des unendlich Kleinen und verteidigte Gottfried Wilhelm Leibniz gegen einige seiner Interpreten, die in seiner Auffassung von inkomparabel kleinen Größen einen Fehler zu entdecken meinten. Unwichtig ist die Sache nicht, denn das Rechnen mit unendlich kleinen Intervallen gehört zum Kern der Infinitesimalrechnung, die Leibniz (und unabhängig von ihm auch Newton) entdeckt hatte.

Breger versuchte Leibniz zu rehabilitieren, indem er die Bedeutung des Wortes „inkomparabel" genauer untersuchte. „Bei diesem Thema sieht man, dass man sich mit Worten leicht missverstehen kann", sagte er – und schloss dann mit einem mathematischen Beweis. [...]

Niedersachsens Wissenschaftsministerin Gabriele Heinen-Kljajic [fragte] in ihrem Grußwort [...] danach, was uns heute mit Leibniz verbindet – und fand die Antwort vor allem in der interdisziplinären Art, Wissenschaft zu betreiben. Leibniz' universalen Ansatz, die Welt als Ganzes zu sehen, hätten wir (nicht gerade zum Wohl der Menschen, nicht zum Wohl der Umwelt) etwas aus den Augen verloren. Kooperation zwischen unterschiedlichen Disziplinen, beflügelt durch die Digitalisierung aber könnte diese Perspektive wiederherstellen. [...]

In Vertretung des Oberbürgermeisters [= Stefan Schostok] sprach Hannovers Bürgermeister Thomas Hermann das Grußwort der

Stadt. Er verglich den Leibniz-Kongress (nicht gerade glücklich) mit einem Evangelischen Kirchentag [3] und lobte die Stadt dafür, dass sie die Leibniz-Stiftungsprofessur in den vergangenen Jahren mit jährlich 100 000 Euro förderte: „Die Investition in die Marke Leibniz hat sich gelohnt."

Dass sich auch die Beschäftigung mit Leibniz' Schriften lohnen kann, zeigte Catherine Wilson, Philosophin an der Universität York. Sie sprach über Leibniz' Ansichten zu Krieg und Frieden und dem Gemeinwohl. Das Gemeinwohl ist eines der großen Themen des Kongresses. Schließlich trägt er das Motto „Für unser Glück oder das Glück anderer". [... Als Fußnote wird mitgeteilt:] Am Mittwoch [...] gibt es im Rahmen des Kongresses [...] einen öffentlichen Abendvortrag im Lichthof der Leibniz-Uni, Welfengarten 1. Der Philosoph Volker Gerhardt spricht über „Die Individualität bei Leibniz". (4)

Fußnoten:

(1) Wie ich von einer ehemaligen Studentin erfahren habe, wurde die Namensgebung „Gottfried-Wilhelm-Leibniz-Universität" von dem Philosophiehistoriker Günther Mensching initiiert, der von 1985 bis 2007 in Hannover lehrte. (Siehe ihn und seine Veröffentlichungen im Internet)

(2) Ronald Meyer-Arlt: Von Sandkörnern und Fixsternen. HAZ vom 19. Juli 2016, S. 5. Auf einem Foto sind zu sehen: Prof. Erich Barke, Thomas Hermann, Frau Heinen-Kljajic, Volker Epping (Präsident der Leibniz-Uni) und Prof. Wenchao Li.

(3) Wollte der Bürgermeister damit sagen, dass sich auch hier „Gläubige" treffen?

(4) Helmut Konietzny, der sich den Vortrag Gerhardts anhörte, sagte mir, er sei kompliziert und schwer zu verstehen gewesen. Die Zuhörer seien frustriert gewesen, hätten danach keine Fragen gestellt. Es ging in dem Vortrag um Leibnizens Monadenlehre.

Verzögerte Universitäts-Umbenennung

Dem – wie man meinen sollte – guten Plan, die Universität Hannover in „Gottfried Wilhelm Leibniz Universität" umzubenennen, stellte sich im Jahre 2006 überraschenderweise ein kurioses Hindernis entgegen: Unter der Überschrift: <u>Riesenblamage zum Uni-Jubiläum. Universität darf nicht Leibniz heißen – es gibt in Hannover schon die Leibniz-Akademie</u> teilte die Hannoveraner Zeitung „Neue Presse" (Verlagsgesellschaft Madsack GmbH & Co.) am 6. Mai mit:

***HANNOVER.** Riesenblamage beim Festakt gestern zum 175-jährigen Bestehen der Uni Hannover: Aus der Umbenennung in „Leibniz-Universität" wird nichts – weil sich die Leibniz-Akademie in Hannover den Namen des letzten Universalgelehrten hat schützen lassen.*

„Wir sind sehr enttäuscht, wollen aber keine rechtliche Auseinandersetzung", sagte Uni-Präsident Erich Barke vor rund 1000 geladenen Gästen, darunter auch Ministerpräsident Christian Wulff (CDU). Wulff hatte in seiner Festrede bereits anklingen lassen, dass es Probleme mit der Umbenennung geben könne.

Kurz danach wusste dann jeder, was er meinte: Die Umbenennung ist nicht möglich, da die Marke „Leibniz-Hochschule" beim Patentamt München geschützt ist. Nachdem der Uni-Senat Ende vergangener Woche grünes Licht für die Umbenennung gegeben hatte, legte die Leibniz-Akademie ihr Veto ein. „Deshalb hat sich das Uni-Präsidium am Mittwoch keine abschließende Meinung gebildet", so Barke.

OB Herbert Schmalstieg nach der Feier: „Das ist bedauerlich. Seit mehr als einem Jahr diskutieren wir die Umbenennung. Kurz vor dem Festakt kommt heraus, dass es nicht geht." Schmalstieg hatte noch am Montag versucht, im Rathaus mit allen Beteiligten eine Lösung herbeizuführen – vergeblich. Der Geschäftsführer der Leibniz-Akademie, Dirk Nissen, wollte den schwarzen Peter nicht haben. „Wir haben nur auf die Verwechslungsgefahr beider Institutionen hingewiesen.“ **(1)**

Kurz darauf wurde man sich dann doch noch einig, und die Umbenennung konnte wie geplant stattfinden.

Fußnote:

(1) Verfasser des Artikels: Andreas Voigt und Thomas Nagel. Ich zitiere die Pressemitteilung. Diese kann von dem gedruckten Artikel abweichen.

Die BILD-Zeitung stellt den Philosophen vor

In der Ausgabe dieser Zeitung für Hannover und Umland vom 20. Januar 2016 findet sich auf Seite 10 der im Folgenden von mir zitierte (bebilderte) Artikel von Jana Godau. Die Autorin lässt Leibniz darin auch selber zu Wort kommen, jedoch nicht im Original; sondern sie phantasiert (einigermaßen geistreich), was er uns Heutigen wohl würde mitteilen wollen.

„Was Leibniz uns getwittert hätte“ lautet der Slogan ihres Artikels – mit dem Untertitel: „Er war Universalgenie & Urvater des Computers“. Ich zitiere:

*Hannover – **Er war ein Genie: Erfinder, Mathematiker, Philosoph, Berater des Welfenhauses.***

Gottfried Wilhelm Leibniz (1646-1716). Vor 370 Jahren in Leipzig geboren, vor 300 Jahren in Hannover gestorben. Die Stadt ehrt ihn mit einem Leibniz-Jahr, das gestern im Schloss Herrenhausen eröffnet wurde.

Auf Leibniz geht das duale Zahlensystem zurück, er erfand eine Rechenmaschine, die alle vier Grundrechenarten beherrschte, den „Ur-Taschenrechner".

Ohne seine Erfindungen gäbe es keinen Computer!

Schon mit 8 brachte sich Leibniz Latein und Griechisch bei, sein Kopf war voller Ideen. Er sagte: „Beim Erwachen hatte ich schon so viele Einfälle, dass der Tag nicht ausreichte, um sie niederzuschreiben."

<u>Dieses Original-Zitat spricht vielen Schülern aus dem Herzen:</u> Es ist unwürdig, die Zeit von hervorragenden Leuten mit knechtischen Rechenarbeiten zu verschwenden, weil mit dem Einsatz einer Maschine auch der Einfältigste die Ergebnisse sicher hinschreiben kann. #Rechenmaschine.

<u>Über das Binärsystem, über die Darstellung von Zahlen nur mit Nullen und Einsen, Grundlage des Computers:</u> Sprache ist fehlerhaft. Neues Zahlensystem macht alles logisch. Wird die Welt verändern. #Dualzahlen.

<u>Für Kurfürstin Sophie plante Leibniz die „Wasserkunst" in Herrenhausen. Damit die Fontäne sprudelt: Stauung der Leine und ein Wasserhebewerk.</u> Tolle Idee für Europas größte Fontäne. Baubeginn dauert, hoffentlich erlebe ich das noch. #WasserMarsch!

Die Idee wurde übrigens 20 Jahre nach seinem Tod umgesetzt.

<u>Schrittzähler, Windmesser, Verbesserungen im Bergbau – er war ein Tausendsassa, fand:</u> Die Ruhe ist eine Stufe zur Dummheit. #Workaholic.

<u>Was ihn wurmen würde:</u> Viele denken immer noch, dass ich nach dem Butterkeks benannt bin. #Doofköppe!

Abbildungen zu dem Artikel: <u>(erstens)</u> die Leibnizsche Rechenmaschine (Text dazu: „[…] die Ur-Version des heutigen Computers"); <u>(zweitens)</u> eine silberne Medaille (Text dazu: „Sein Binärsystem auf einer Medaille"); <u>(drittens)</u> Gestänge und Zahnräder der Wasserkunst (Text dazu: „Die Wasserkunst-Technik geht auf seine Idee zurück"); <u>(viertens)</u> eine Gesamtaufnahme des Gebäudes, in dem die Wasserkunst untergebracht war (Text dazu: „Die historische Wasserkunst in Herrenhausen gäbe es ohne das Genie wohl nicht"); <u>(fünftens)</u> eine Innenansicht der Neustädter Kirche (Text dazu: „In der Neustädter Hof- und Stadtkirche wurde Leibniz beigesetzt"); <u>(sechstens)</u> Abbildung eines Leibniz-Kekses (Text dazu: „Weltberühmt: Seit 125 Jahren trägt der Bahlsen-Butterkeks den Namen Leibniz")
Der Artikel wird beherrscht von einem eingerahmten Ölgemälde, das Professor Kempe, Leiter des Leibniz-Archivs, dem Leser freundlich lächelnd präsentiert. Es zeigt den Philosophen in brauner Jacke, mit einem um den Hals geknüpften Spitzentuch und schwarzer Allonge-Perücke, die bis auf Rücken und Schultern fällt. Im Begleittext wird mitgeteilt, dass Leibniz 1676 nach Hannover kam.

Zu der oben zitierten Aussage Prof. Kempes, Leibniz sei der „Urvater des Computers", möchte ich anmerken, dass der bedeutende Leibniz-Forscher Professor Erwin Stein (mit dem ich telefonierte) <u>diese Aussage nicht teilt.</u> Er sieht Leibniz nur als „Vordenker des Computers" und wies mich zudem darauf hin, dass das Dualsystem schon von dem Engländer Thomas Harriot (1560-1621) erdacht wurde, allerdings ohne praktische Auswirkungen:

In seinem Nachlass fand sich auch die früheste Behandlung des Dualsystems (und darüber hinaus von Zahlensystemen auf anderer Basis wie 3 oder 4) in Europa. Harriot sah darin aber keinen Nutzen. (Wikipedia)

Durch eine Literaturangabe **(1)** in dem Wikipedia-Eintrag zu Harriot entdeckte ich, dass auch der spanische Priester und Mathematiker Juan Caramuel y Lobkowitz (1606-1682) bereits Gedankenspiele mit einem Dualsystem anstellte. **(2)** Und der französische Philosoph und Mathematiker Blaise Pascal (1623-62) fragte sich, warum denn eigentlich unser gängiges Zahlensystem ausgerechnet bei der Zahl zehn von der einen Ziffer auf zwei Ziffern umspringen müsse.

Professor Stein, 1931 geboren, hat mit seinen Mitarbeitern versucht, die verschiedenen Versionen der Leibnizschen Rechenmaschine nachzubauen und darüber ein Buch veröffentlicht. **(3)** Er deutete mir in einem Telefongespräch, das ich mit ihm führte, die ungeheuren Schwierigkeiten an, die sich – schon rein technisch-mechanisch – beim Bau solcher Rechenmaschinen ergeben.

„Hat man irgendwo eine technische Korrektur vorgenommen, bewirkt diese anderswo ein neues Problem – und die Probleme potenzieren sich." So in etwa beschrieb er die Schwierigkeiten.

Interessant ist, dass Leibniz seine Propagierung des Dualsystems nicht praktisch-mathematisch, sondern (1697 in einem Brief) theologisch begründet:

„Denn einer der Hauptpunkte des christlichen Glaubens ... ist die Erschaffung aller Dinge aus dem Nichts durch die Allmacht Gottes. Nun kann man wohl sagen, daß nichts in der Welt dies besser vorstelle, ja, gleichsam demonstriere, als der Ursprung der Zahlen, wie er allhier vorgestellt ist, durch deren Ausdrückung nur und allein mit Eins und Null (oder Nichts) alle Zahlen entstehen. Es wird wohl schwerlich in der Natur und Philosophie ein besseres Vorbild dieses Geheimnisses zu finden sein... Das kommt hier um so mehr zupasse, weil die leere Tiefe und wüste Finsternis zu Null und Nichts, aber der Geist Gottes mit seinem Lichte zur allmächtigen Eins gehört.

Wegen der Worte des Sinnbilds habe ich mich eine Zeiteilang bedacht und endlich für gut befunden diesen Vers zu setzen: Alles aus dem Nichts zu entwickeln genügt Eins (Omnibus ex nihilo ducendis sufficit unum)." Wohl weil die feinmechanischen Fertigkeiten der damaligen Zeit nicht ausreichten, griff Leibniz beim Bau seiner Rechenmaschinen auf das Dezimalsystem zurück. (zitiert aus Wikipedia, Stichwort Dualsystem)

Wikipedia liefert die folgende Beschreibung des Dualsystems:

*Das **Dualsystem** (lat. dualis = zwei enthaltend), auch **Zweiersystem** oder **Binärsystem** genannt, ist ein Zahlensystem, das zur Darstellung von Zahlen nur zwei verschiedene Ziffern benutzt.*
Im üblichen Dezimalsystem werden die Ziffern 0 bis 9 verwendet. Im Dualsystem hingegen werden Zahlen nur mit den Ziffern des Wertes null und eins dargestellt. Oft werden für diese Ziffern die Symbole 0 und 1 verwendet. Die Zahlen null bis fünfzehn sind in der rechts stehenden Liste aufgeführt.
*Das Dualsystem ist das Stellenwertsystem mit der Basis 2, liefert also die dyadische (2-adische) Darstellung von Zahlen (**Dyadik**) (gr. δύο = zwei).*
Aufgrund seiner Bedeutung in der Digitaltechnik ist es neben dem Dezimalsystem das wichtigste Zahlensystem.
*Die Zahldarstellungen im Dualsystem werden auch **Dualzahlen** oder **Binärzahlen** genannt. Letztere ist die allgemeinere Bezeichnung, da diese auch einfach für binärcodierte Zahlen stehen kann. Der Begriff Binärzahl spezifiziert die Darstellungsweise einer Zahl also nicht näher, er sagt nur aus, dass zwei verschiedene Ziffern verwendet werden.*

<u>Fußnoten:</u>

<u>(1)</u> *In seinem Buch <u>Mathesis biceps vetus et nova</u> (Zweiköpfige Mathematik – alt und neu) von 1670 ist die erste Veröffentlichung (noch vor Gottfried Wilhelm Leibniz 1705) des Dualsystems (und von Stellensystemen zu anderen Basen) in Europa zu finden.* (Wikipedia).

<u>(2)</u> Robert Ineichen: Leibniz, Caramuel, Harriot und das Dualsystem. Mitteilungen DMV, Bd. 16, 2008, S. 452. Ebenfalls Shirley: Binary numeration before Leibniz. American Journal of Physics, Bd. 19, 1951, S. 452.

<u>(3)</u> Erwin Stein, Franz-Otto Kopp: Konstruktion und Theorie der leibnizschen Rechenmaschinen im Kontext der Vorläufer, Weiterentwicklungen und Nachbauten. Mit einem Überblick zur Geschichte der Zahlensysteme und Rechenhilfsmittel. Franz Steiner Verlag. (Erschienen in der Reihe *Studia Leibnitiana*, Band 42, Heft 1) – Siehe auch Ariane Walsdorf, Klaus Badur, Erwin Stein, Franz Otto Kopp: *Das letzte Original. Die Leibniz-Rechenmaschine der Gottfried Wilhelm Leibniz Bibliothek (= Schatzkammer*, Bd. 1), hrsg. von der Gottfried Wilhelm Leibniz Bibliothek, Hannover. 2014, <u>ISBN 978-3-943922-08-0</u>. – Prof. Stein, 85 Jahre alt, ist noch regelmäßig in seinem Institut anwesend (Telefonnummer des Instituts: 0511-762-0). Er hat mehrere Ausstellungen über Leibniz organisiert (siehe Stein und Popp, 2000).

Der Präsident der Leibniz-Gesellschaft im Interview

Wegen diverser interessanter Informationen, die in diesem Interview **(1)** enthalten sind, zitiere ich es hier vollständig:

Herzlichen Glückwunsch, Prof. Barke! Als neuer Präsident führen Sie die ehrwürdige Leibniz-Gesellschaft im Leibniz-Jahr 2016.
Besten Dank. In der Nachfolge von Persönlichkeiten wie Rudolf Hillebrecht, Eduard Pestel, Ernst-Gottfried Mahrenholz und Rolf Wernstedt zu stehen bedeutet für mich eine große Ehre. In gewisser Weise bin ich zwar für den Posten gar nicht der Richtige, schließlich hatte ich bislang wenig mit Leibniz zu tun. Aber das ging einigen meiner Vorgänger genauso. Ich werde die Aufgabe pragmatisch angehen und meine Erfahrungen als Organisator einbringen.
Die Leibniz-Gesellschaft hat rund 400 Mitglieder, organisiert regelmäßig Vorträge und Kongresse – und doch weiß außerhalb eines Zirkels von Eingeweihten kaum jemand, was sie überhaupt ist.
Das stimmt, sie ist jenseits dieses Zirkels fast unbekannt – und dabei ist sie bei einschlägigen Wissenschaftlern überaus renommiert. Darin liegt schon eine Herausforderung: Wir müssen uns fragen, wie wir sie stärker im öffentlichen Bewusstsein verankern, ohne allerdings um jeden Preis populär zu werden.
Nicht populär werden? Es gibt doch heute keine Einrichtung mehr, die nicht populär sein will. Und auch Leibniz selbst war bekanntlich keiner, der gern im Elfenbeinturm steckte.
Auch wir wollen natürlich dem Publikum zeigen, was wir tun, und wir wollen neue Mitglieder gewinnen. Doch noch wichtiger ist es, unser Niveau zu halten. Es hat durchaus seine Berechtigung und Bedeutung, wenn ein Kreis von Wissenschaftlern sich untereinander austauscht.

<u>Da besteht aber die Gefahr, dass die Mitglieder eines solchen Expertenzirkels für immer unter sich bleiben.</u>

Es ist überall in der Wissenschaft so, dass sich eine kleine Community vor allem untereinander austauscht, dass ihre Mitglieder scheinbar nur mit sich selbst beschäftigt sind. Das ist dem Spezialisierungsgrad der heutigen Wissenschaften geschuldet. Gerade das bringt aber die Forschung besonders voran. Und auch wenn die breite Öffentlichkeit nicht alles versteht – möglicherweise werden die Forschungsergebnisse am Ende doch für die Öffentlichkeit relevant. Mal ganz abgesehen von der Frage, ob Wissen immer einen Nutzwert haben muss oder aber eher ein Wert an sich ist.

<u>Leibniz kommt 2016 ganz groß raus; im Jahr seines 300. Todestages gibt es in Hannover ein buntes Sammelsurium von Veranstaltungen.</u>

Dass jeder Veranstalter – Stadt und Region, Bibliothek, Volkswagenstiftung und Universität – Leibniz anders feiert, liegt doch auf der Hand. Das zeigt, wie wichtig Leibniz in Hannover inzwischen genommen wird. Da ist es gut, nicht nur Leibniz-Folklore zu bieten, sondern auch wissenschaftliche Veranstaltungen wie den Leibniz-Kongress, der am 18. Juli in der Universität beginnt. Er zieht mehrere Hundert Experten nach Hannover und ist eines meiner persönlichen Highlights im Leibniz-Jahr.

<u>Aber, Hand aufs Herz: Lohnt sich die Beschäftigung mit Leibniz noch? Er war doch Kind einer Zeit, die uns fremd ist.</u>

Manches an Leibniz wird auch mir fremd bleiben. Und dennoch: Als Universalgelehrter kümmert sich Leibniz um ganz unterschiedliche Themengebiete, er war selbst so etwas wie ein Sammelbecken. Er versuchte, ganz unterschiedliche Disziplinen unter einen Hut zu bekommen. Das finde ich äußerst spannend.

<u>Heute sind wir hingegen hoch spezialisiert.</u>

Heute kann nicht jeder alles beherrschen. Doch es hat auch einen Wert, wenn, sagen wir, Physiker sich auch mit Philosophie und Ethik beschäftigen. Wenn die Disziplinen sich austauschen.

Spricht da auch der langjährige Universitätspräsident?
In diesem Amt habe ich gelernt, dass die Fakultäten unterschiedlich ticken: Unter Forschung verstehen Philosophen etwas völlig anderes als Ingenieure, und wo für Naturwissenschaftler die Naturgesetze gelten, haben Geisteswissenschaftler verschiedene „Schulen".
Bei Leibniz waren all diese Schulen der Forschung noch in einer Person vereint.
In einer Person lässt es sich heute nicht mehr vereinen. Und trotzdem ist es wichtiger denn je, dass wir Menschen verschiedener Profession zusammenbringen, um voneinander zu lernen, Energieforschung etwa hat mit Physik ebenso zu tun wie mit Rechtswissenschaften und Soziologie. Und Sicherheit, ein großes Thema unserer Zeit, geht nicht nur Datentechniker etwas an – sie wirft auch philosophische und juristische Fragen auf. Leibniz kann für uns heute so etwas wie die Ikone eines verbindenden wissenschaftlichen Stils sein. […] Interview: Simon Benne

Fußnote:

(1) Titel und Untertitel des Interviews: „Manches an Leibniz bleibt mir fremd". Erich Barke über die Leibniz-Gesellschaft, moderne Wissenschaft und die Sehnsucht nach Universalität. In: Hannoversche Allgemeine Zeitung, 8. Januar 2016, S. 5 (Kulturseite). – Professor Barke ist in dem Artikel abgebildet. Im Hintergrund erkennt man den Leibniz-Tempel im Georgengarten.

In einem Einschub in das Interview wird der neue Präsident wie folgt vorgestellt:

Erich Barke, *geboren in Linden* [= ein Stadtteil von Hannover, JGR], *lehrte seit 1990 als Professor für Mikroelektronische Systeme an der Uni Hannover. Von 2005 bis 2014 war er deren Präsident. Im November* [2015] *wurde der 68-Jährige als Nachfolger des scheidenden Rolf Wernstedt zum Präsidenten der Leibniz-Gesellschaft gewählt, die 2016 ihr 50-jähriges Bestehen feiert.*

Der Leiter der Leibniz-Forschungsstelle im Interview

Das Interview wurde am 8. Dezember 2015 in der Leibniz-Bibliothek in Hannover von den Reportern Jens Bielke und Cora Beckmann geführt; den Text und die Fotos machte Cora Beckmann. Das Interview ist abgedruckt in **magaScene**, *Stadtmagazin für Hannover*, Januar 2015, es trägt den Titel: „Leibniz war ein unverbesserlicher Optimist!". Die Funktion Professor Kempes wird beschrieben als: *Leiter der Leibniz-Forschungsstelle der Akademie der Wissenschaften zu Göttingen beim Leibniz-Archiv der Gottfried Wilhelm Leibniz Universität.*

Wegen seines interessanten Inhalts gebe ich das Interview hier, einschließlich seiner Einleitung, vollständig wieder:

Hannover studiert an der Leibniz Universität, schmökert in der Leibniz Bibliothek und picknickt am Leibniz Tempel. Fragt man aber die Einwohner der Stadt, wer Gottfried Wilhelm Leibniz war, wann er lebte und wofür er stand, offenbaren sich oft große Wissenslücken. „Universalgenie" und „Rechenmaschine" fallen einigen vielleicht noch ein. Aber darüber hinaus? Das soll sich 2016 ändern! Denn das nächste Jahr steht in Hannover ganz im Zeichen von Leibniz. Dann jährt sich Leibniz' Geburtstag zum 370. Mal und sein Todestag am 14. November zum 300. Mal. Mit einem vielfältigen Programm wird während des ganzen Jahres dem Universalgenie gedacht. Am 19. Januar wird das Leibniz-Jahr mit einem Festakt im Schloss Herrenhausen eröffnet. Mit einer Kranzniederlegung am 14. November an seinem Grab in der Neustädter Hof- und Stadtkirche endet das Erinnern an den Gelehrten. Warum man sich an ihn erinnern sollte und welche spannenden Dinge es an Leibniz zu entdecken gibt, darüber haben wir mit dem Leiter der Leibniz-

Forschungsstelle der Akademie der Wissenschaften zu Göttingen beim Leibniz-Archiv der Gottfried Wilhelm Leibniz Bibliothek in Hannover gesprochen: Prof. Dr. Michael Kempe. Der 49-jährige ist Leiter des Leibniz-Archivs. Gebürtig stammt Kempe aus Flensburg und hat in Konstanz und Dublin Geschichte und Philosophie studiert. Während seiner Promotion über Johann Jakob Scheuchzer, einen Korrespondenzpartner Leibniz', ist er zum ersten Mal auf das Universalgenie aufmerksam geworden. Nach weiteren Forschungsstationen habilitierte Kempe 2009 jedoch zu einem anderen und eher außergewöhnlichen Thema: „Piraterie, Völkerrecht und Internationale Beziehungen in der frühen Neuzeit". 2011 ist er schließlich nach Hannover und wieder zu Leibniz gekommen. Erst kürzlich hat er den Aufsatzband „Der Philosoph im U-Boot" veröffentlicht, der sich mit praktischer Wissenschaft und Technik im Kontext von Gottfried Wilhelm Leibniz beschäftigt.

magaScene: *Herr Kempe, in welchen Forschungskontext ist das Leibniz-Archiv eingebunden?*

Kempe: *Das Leibniz-Archiv ist die Leibniz-Forschungsstelle der Akademie der Wissenschaften zu Göttingen. Eine weitere Forschungsstelle ist in Münster. Zwei weitere Arbeitsstellen sind in Potsdam und Berlin. Leiter der Stelle in Potsdam ist Prof. Dr. Wenchao Li, der im Moment die Leibnizstiftungsprofessur hier in Hannover inne hat.*

magaScene: *Leibniz hat von 1646 bis 1716 gelebt. Wie war das Leben damals?*

Kempe: *Die Zeit war sehr unruhig. Leibniz wurde zwei Jahre vor dem Ende des Dreißigjährigen Krieges geboren. Deutschland war zu dieser Zeit praktisch vollkommen zerstört. Die Zeit nach dem Krieg war eine Zeit der Umbrüche, der wissenschaftlichen Revolutionen und des beginnenden Absolutismus. Die Ständeherrschaft wurde umgebaut und es kamen moderne staatliche Ordnungsvor-*

stellungen auf. Leibniz' Tätigkeiten und seine Suche nach Harmonie und Rationalität wurden auch dadurch geprägt.

magaScene*: Wie hat sich die Wissenschaft in dieser Zeit entwickelt?*

Kempe*: Die neue Wissenschaft befand sich zu dieser Zeit im Aufbruch. Es wurde viel neu entdeckt und revolutioniert. So wurden zum Beispiel das Teleskop und das Mikroskop entwickelt. Gerade das Mikroskop war prägend für Leibniz. Zu sehen, dass in den kleinen Welten noch mehr kleine Welten sind, hat Leibniz wahnsinnig fasziniert. Die Zeit damals war sehr spannend, aber zum Teil auch widersprüchlich.*

magaScene*: Wie war Leibniz' politische Einstellung?*

Kempe*: Leibniz hatte ein andere Sicht auf das Verhältnis von Wissenschaft und Macht. Er ist nicht, wie viele andere, an der Universität geblieben, sondern hat bewusst die Nähe zu einem politischen Hof gesucht. Dort konnte er seine Pläne zur Verbesserung der menschlichen Gesellschaft anbringen. Leibniz war ein Philosoph, der sich viele Gedanken über die Verwaltung und Ordnungsstrukturen in einer Stadt gemacht hat. Darüber hinaus hat er sich damit beschäftigt, wie man Herrschaft rationalisieren kann, unabhängig von Eroberungen.*

magaScene*: Wie umfangreich ist Leibniz' Nachlass und wie wird er geordnet?*

Kempe*: Die Erforschung dieses Nachlasses ist eine Mammutaufgabe. Ein Großteil seiner Schriften und Briefe aus der hannoverschen Zeit sind gut erhalten. Als er starb, wurde seine Bibliothek versiegelt, da er ein politischer Funktionsträger am hannoverschen Hof war und man vermeiden wollte, dass geheime Papiere an die Öffentlichkeit gelangen. Leibniz hat sehr viel geschrieben – man kann ihn durchaus als Graphomanen [= Schreibsüchtigen] bezeichnen. Entsprechend ist viel hinterlassen, das bis heute aber noch nicht* *richtig erforscht ist. Man zählt zwischen 150.000 und 200.000 Seiten in seinem Gesamt-Nachlass. Darin enthalten sind etwa 20.000 Briefe mit circa 1.300 Korrespondenz-Partnern. Wir sprechen von einem der größten Gelehrtennachlässe der Menschheitsgeschichte. Deshalb ist es ein großer Glücksfall, dass dieser so gut überliefert ist und Leibniz alles so akribisch aufgehoben hat.*

magaScene*: Wer waren Leibniz' bekannteste Korrespondenz-Partner?*

Kempe*: Da war das „Who-is-who" der damaligen Gelehrtenrepublik dabei: Isaac Newton, Baruch de Spinoza, Henry Oldenburg, Christiaan Huygens, Johann Bernoulli, aber auch politische Funktionsträger wie zum Beispiel der russische Zar Peter I., die hannoversche Kurfürstin Sophie, die preußische Königin Sophie Charlotte und viele, viele andere. Mit dabei waren auch Jesuiten-Missionare, die in China tätig waren. Einer dieser Briefe, die auf Reispapier geschrieben wurden, wurde als Faksimile von Stephan Weil an Papst Franziskus bei einer Audienz in Rom übergeben. Es handelte sich um einen Brief von Joachim Bouvet an Leibniz, in dem es um das chinesische Zeichensystem „Yijing" in Zusammenhang mit Leibniz' dualem Zahlensystem geht.*

magaSzene*: Wie lange war ein Brief damals auf Reisen?*

Kempe*: Zum Teil sehr lange. Dieser Brief von Bouvet wurde zum Beispiel im November 1701 abgeschickt und kam, über die Route der Ostindienfahrer, im April 1703 bei Leibniz an. Die kurzen Korrespondenzen zwischen Hannover und Celle oder Wolfenbüttel waren hingegen nur wenige Tage unterwegs. Zum Teil kamen die Briefe sogar schon am selben Tag an.*

magaScene*: Wie viel Prozent des Nachlasses sind aktuell erforscht?*

Kempe*: Das ist schwer zu sagen. Die Frage ist, was man unter „erforschen" versteht. Bei der historisch-kritischen Edition ist der erste Band 1923 erschienen und momentan sind wir bei dem 58. Band.*

Die Edition soll bis zum Jahr 2055 laufen und letztendlich 128 Bände enthalten. Das heißt, wir haben ungefähr die Hälfte historisch-kritisch ediert. Zum Teil haben wir Manuskripte im Haus, die noch gar nicht bibliothekarisch erschlossen sind. Leibniz hatte die Eigenschaft, seine Schriften „schneidend" zu ordnen. Das bedeutet, er hat viele seiner Aufzeichnungen zu unterschiedlichen Themen auf einem großen Blatt Papier getätigt und dieses dann in Stücke zerschnitten, um sie dann thematisch zu ordnen. Also stehen wir manchmal vor einem großen Schnipsel-Haufen und müssen das irgendwie ordnen. Um das bewältigen zu können, entwickeln wir gerade, zusammen mit der Frauenhofer-Gesellschaft, eine Software zur Rekonstruktion dieser Schnipsel. Diese Software ordnet die Schnipsel nach Schnittkante, Oberfläche und anderen Parametern, so dass die Editoren danach die Feinarbeit leisten können. Die Software funktioniert ähnlich, wie die zur Rekonstruktion der geschredderten Stasi-Akten. (lacht)

magaScene: *Wie viele Mitarbeiter arbeiten an der Leibniz-Edition?*

Kempe: *Insgesamt sind wir hier 14 Mitarbeiter. Darunter sind neun promovierte Editoren, drei Sachbearbeiterinnen und zwei Hilfskräfte. Wir sind unter den vier Leibniz-Arbeitsstellen mit drei Leibniz-Reihen die größte. Wir kümmern uns um den allgemeinen politischen und historischen Briefwechsel, den mathematisch-naturwissenschaftlichen und technischen Briefwechsel sowie die mathematischen Schriften. In Münster behandelt man die philosophischen Briefe und Schriften, in Potsdam die politischen Schriften und in Berlin die naturwissenschaftlich-technischen Schriften.*

magaScene: *Wird im Ausland auch über Leibniz geforscht?*

Kempe: *Ja, sehr viel sogar. Die Forschung über Leibniz ist sehr international aufgestellt. Zu den Kolloquien, die wir veranstalten, kommen viele Amerikaner, Engländer, Franzosen, Italiener, Spanier und Forscher von fast allen Kontinenten. Außerdem wird gerade* *auch in Japan mit einer Leibniz-Ausgabe begonnen. Die internationale Forschung zu Leibniz liegt zum Teil wahrscheinlich auch an den vielen verschiedenen Sprachen, in denen er geschrieben hat. Ich schätze zu 40 Prozent Latein, 30 Prozent Französisch, 20 Prozent Deutsch und weiterhin einige andere Sprachen.*

magaScene*: Was kann man durch den Briefwechsel über den Menschen Leibniz erfahren?*

Kempe*: Leibniz war eine sehr schillernde Figur. Je mehr man sich mit ihm beschäftigt, desto schwerer ist er auf einen Nenner zu bringen. Zum Teil ist er auch eine widersprüchliche Figur. Sicher ist auf jeden Fall, dass er komplett in seiner Arbeit aufgegangen ist und ein Workaholic war. Sein Privatleben war die Wissenschaft, er war auch nie verheiratet. Dennoch hatte er gute Umgangsformen und war humorvoll. Er konnte diplomatisch agieren, sich aber auch Konflikten stellen wie zum Beispiel dem Prioritätenstreit mit Newton. Am Hofe hat man ihn ebenfalls sehr geschätzt. Man konnte wohl sehr gut mit ihm plaudern. Er hat selbst mal sehr treffend gesagt, dass er seine Philosophie im Dialog entwickelt. Leibniz hat zwar relativ viel publiziert, aber noch viel mehr Wissen und Überlegungen in seinen Briefen festgehalten. Er hat immer das Gespräch gesucht und auch verschiedene Ansichten zugelassen und versucht, sich daraus etwas mitzunehmen. Leibniz wurde ab dem späten 18. Jahrhundert als ein „großer Denker“ verehrt. Dennoch ist er auch oft gescheitert und hat sich verzettelt. Manchen Dingen ist er hinterher gelaufen oder wollte zu viel auf einmal. Er hat immer versucht, das gesamte Wissen – das in dieser Zeit förmlich explodiert ist – einzufangen und darüber hinaus Innovatives zu leisten.*

magaScene*: Ist diese „Explosion des Wissens“ auch der Grund, dass es heutzutage gar keine Universalgenies mehr gibt und Leibniz als letzter Universalgelehrter gilt? Weil es einfach zu viel zu wissen gäbe?*

__Kempe__: Die Frage ist, ob Leibniz damals überhaupt noch das gesamte Wissen überblicken konnte. Wir untersuchen in einem Sammelband zu Leibniz' letztem Lebensjahr, der 2016 erscheint, die Redeweise von Leibniz als letztem Universalgelehrten. Wenn man von dem allwissenden Anspruch des Barock ausgeht, dass alles irgendwie mit allem vernetzt ist und es überall eine hintergründige Rationalität gibt, dann war Leibniz einer der letzten Universalgelehrten. Ansonsten ist dieser Titel sehr stereotyp. Es gab viele „kleine" Universalgelehrte zu Leibniz' Zeit und danach. Humboldt im 19. Jahrhundert ist dafür ein gutes Beispiel. Für die Zeit des Aufbruchs und der wissenschaftlichen Revolutionen steht Leibniz aber sicherlich paradigmatisch als Universalgelehrter eines bestimmten intellektuellen Typus.

__magaScene__: Was ist die wichtigste Erkenntnis, die wir Leibniz zu verdanken haben?

__Kempe__: Leibniz ist deshalb spannend, weil sich unser Leibniz-Bild über die Zeit verändert hat und man immer wieder neue Seiten an ihm entdecken kann. Vor 200 Jahren hätte man die binäre Mathematik mit 0 und 1 nur wenig interessant gefunden. Heute erkennen wir darin einen Vorläufer des Digitalcodes. Darin liegt eine besondere Leistung von Leibniz: aus der dualen Darstellung von natürlichen Zahlen mit 0 und 1 eine Systematik und Rechenart zu entwerfen. Daraus ist indirekt unsere heutige Digitalsprache entstanden. Eine weitere Sache, die ich spannend an Leibniz finde, ist, dass ihn das Unendliche sehr fasziniert hat. Man steht beispielsweise am Meer und hört das Rauschen der Wellen, das letztendlich durch viele kleine Wellen und deren Rauschen, das man einzeln gar nicht wahrnehmen würde, entsteht. Dies geht Hand in Hand mit Leibniz' Monadentheorie, mit der er versucht hat, eine einfache, unteilbare Substanz zu definieren, die belebte und unbelebte Materie einbezieht. Auch Leibniz, Differentialkalkül [= Differentialrechnung] zur

Berechnung von Kurven und Tangenten ist sehr wichtig. Diese Methodik hat schließlich in die Schul-Mathematik Eingang gefunden.

magaScene: *Wann wurden Sie in die Planungen zum Leibniz-Jahr in Hannover eingebunden?*

Kempe: *Wir arbeiten sehr eng mit der Leibniz-Gesellschaft und der Stiftungsprofessur zusammen. Darüber hinaus habe ich mir selbst schon relativ früh Gedanken darüber gemacht, wie man dieses Jahr gestalten kann. Bereits 2013 kam ich auf die Idee, Leibniz' letztes Lebensjahr genauer zu beleuchten. Dieses Jahr ist sehr spannend. Leibniz ist mit 70 gestorben, was relativ alt war für die damalige Zeit, war aber dennoch noch sehr aktiv und umtriebig. In diesem Jahr hatte er den berühmten Prioritätenstreit mit Clarke und Newton und plante sogar eine Reise nach Wien im nächsten Jahr. Außerdem hat er Zar Peter I. getroffen und sich für die Reunion der Kirche eingesetzt. Die Edition ist noch nicht in diesem Jahr angekommen, deshalb ist das Leibniz-Jahr 2016 eine gute Gelegenheit, sich mit diesem spannenden Zeitraum in Leibniz' Leben auseinander zu setzen. Im letzten Jahr wurde dazu ein Kolloquium durchgeführt, an dem verschiedene Editoren und internationale Leibniz-Forscher teilnahmen. Aus den Ergebnissen des Kolloquiums entsteht nun ein Sammelband, der reich bebildert ist und als Katalog für eine gleichnamige Ausstellung hier im Haus dienen soll. Diese startet am 21. Juni 2016 und zeigt verschiedene Exponate aus Leibniz' letztem Lebensjahr.*

magaScene: *Am 7. Januar wird eine Installation im Bürgersaal des Neuen Rathauses eröffnet. Was erwartet die Besucher dort?*

Kempe: *Dort wird „Leibniz in bester Gesellschaft" gezeigt. Das heißt, neun Portrait-Figuren des Künstlers Tobias Schreiber von Leibniz und wichtigen Korrespondenten und Kontakten sind zu sehen. Dazu gibt es Wandtafeln mit Informationen zu Leibniz und die Möglichkeit, Texte und Briefe von ihm zu hören.*

__magaScene:__ Ist Leibniz irgendwann „ausgeforscht"?

__Kempe:__ Nein, das wird nicht passieren. Er ist im Moment noch nicht einmal „aus-ediert". Die Forschung wird nie zu Ende sein, weil jede Zeit neue Fragen an ihn richten wird. Jede Zeit wird ihren eigenen Leibniz konstruieren.

__magaScene:__ Was fasziniert Sie persönlich an Leibniz?

__Kempe:__ Ich bewundere Leibniz' perspektivisches Denken. Wenn ich zum Beispiel einen Fahrrad-Ausflug mit meiner Familie mache und den grünen Ring um Hannover fahre, dann kann man die Stadt ständig aus einer neuen Perspektive entdecken. Leibniz war der Auffassung, dass es zwar die eine Wahrheit gibt, es aber dennoch immer auf die Perspektive ankommt. Die Wahrheit sieht anders aus, wenn man sie aus einem anderen Blickwinkel betrachtet. Er verglich das mit einer Stadt, die man von unterschiedlichen Hügeln betrachtet. Jedes Mal sieht die Stadt anders aus. aber es bleibt doch immer dieselbe Stadt. Darüber hinaus ist seine Erkenntnis bemerkenswert, dass es keinen absoluten Raum gibt, sondern Raum etwas Relatives ist, nämlich die Relation oder Beziehung zwischen den Objekten.

__magaScene:__ Welche Erkenntnis soll der Otto-Normalbürger am Ende des Leibniz-Jahres mitnehmen?

__Kempe:__ Einige Lebensweisheiten von Leibniz kann man sicherlich mitnehmen. Zum einen die Idee, dass jede Monade oder auch jeder Mensch ein Spiegel des Göttlichen ist. In jedem steckt ein göttlicher Funke. Zum anderen, dass Leibniz ein unverbesserlicher Optimist war. Obwohl dieser Optimismus natürlich auch an Grenzen stößt. Aber Leibniz ist nach Rückschlägen immer wieder aufgestanden und hat mit viel Enthusiasmus weitergemacht.

__magaScene:__ Wenn Sie eine Zeitreise machen könnten und Leibniz in einem bestimmten Jahr treffen könnten – welches Jahr würden Sie wählen und welche Frage würden Sie ihm stellen?

*__Kempe__: Da ich mich momentan mit seinem letzten Lebensjahr be-
schäftige, würde ich jetzt auch ins Jahr 1716 reisen wollen. Einmal
angekommen, würde ich versuchen mit ihm ins Gespräch zu kommen und ihm kritische Fragen stellen. „Was genau meinst du
eigentlich mit dieser Monade?" wäre wahrscheinlich eine meiner
ersten Fragen. Darüber hinaus würde ich ihn fragen, ob er jemals
an seinem eigenen Optimismus gezweifelt hat. Da wäre dann die
Frage angebracht, ob es nicht auch manchmal einen Pessimismus
in ihm gab. (lacht)*
__magaScene__: Herr Prof. Dr. Kempe, vielen Dank für das Gespräch!
*__Alle Informationen zu den Veranstaltungen im Leibniz-Jahr 2016
unter:__ www.hannover.de/leibniz*

Drei in dem Artikel abgedruckte Fotos zeigen den Professor wäh-
rend des Gesprächs. Hinter ihm stehen dicke Bände einer Leibniz-
Ausgabe im Regal. Unter zweien der Fotos stehen die folgenden
Sätze aus dem Interview: ***„Die Erforschung des Nachlasses von
Leibniz ist eine Mammutaufgabe"*** und ***„Leibniz war eine sehr
schillernde Figur"***.

Drei Leibniz-Forscher im Interview

Die politische Zeitschrift „Cicero" machte Leibniz in ihrer August-
Ausgabe 2016 zum Leitthema __(1)__ und interviewte zu dem Zweck
die Wissenschaftler Eberhard Knobloch, Constanze Peres und Horst
Bredekamp. Wegen der wichtigen Dinge, die in diesem Interview
zur Sprache kommen, erlaube ich mir, es im Folgenden vollständig
wiederzugeben (mit einigen Erläuterungen von mir). Dem Interview
stellt die Zeitschrift eine informative Einleitung voran:

Wir befinden uns im Leibniz-Jahr im Leibniz-Saal der Berlin-Brandenburgischen Akademie der Wissenschaften und reden über ein Genie. Vor 300 Jahren, am 14. November 1716, starb der Universalgelehrte Gottfried Wilhelm Leibniz in Hannover. Dort hatte der gebürtige Leipziger – laut Friedrich dem Großen „eine ganze Akademie für sich" – vier Jahrzehnte als Bibliothekar, Diplomat, Denker gewirkt. Seinem Erbe fühlen sich die Leibniz-Gemeinschaft aus 88 selbständigen Forschungseinrichtungen, die Leibniz-Gesellschaft, die Leibniz-Stiftungsprofessur in Hannover und bald das Berliner Humboldt-Forum verpflichtet, das um Haaresbreite Leibniz-Forum geheißen hätte.

Über die Aktivitäten im Jubeljahr informiert leibniz-2016.de. Zur Lektüre empfiehlt sich die im Junius-Verlag neu aufgelegte Einführung von Hans Poser. Wenchao Li, Inhaber der Stiftungsprofessur, ediert im Oktober bei Wallstein den Briefwechsel mit Kurfürstin Sophie von Hannover. Mit Simona Noreik gab er nun bei Böhlau „G. W. Leibniz und der Gelehrtenhabitus. Anonymität, Pseudonymität, Camouflage" heraus. Lesenswert bleibt „Leibniz, Newton und die Erfindung der Zeit" von Thomas de Padova (Piper, 2013).

Neben dieser Einleitung werden die interviewten Wissenschaftler wie folgt vorgestellt:

Horst Bredekamp: Der Kunsthistoriker zählt zu den Gründungsintendanten des Berliner Humboldt-Forums. Er verfasste Schriften und Bücher zu Leibniz, etwa „Die Fenster der Monade. Leibniz' Theater der Natur und Kunst" [Akademie-Verlag 2008], „Leibniz und die Revolution der Gartenkunst. Herrenhausen, Versailles und die Philosophie der Blätter" [Wagenbach Verlag 2012].

Constanze Peres: Die Philosophin lehrt an der Hochschule für Bildende Künste in Dresden. Sie beschäftigt sich seit rund 20 Jahren mit

Leibniz, forscht u.a. über dessen Metaphysik. Sie ist Mitglied des wissenschaftlichen Beirats „Leibniz: Vision als Aufgabe" an der Berlin-Brandenburgischen Akademie der Wissenschaften.

Eberhard Knobloch: Der Mathematiker, Wissenschafts- und Technikhistoriker veröffentlichte viele Schriften von und zu Leibniz. Er ist Projektleiter der Leibniz-Arbeitsstellen der Berlin-Brandenburgischen Akademie der Wissenschaften in Berlin und Potsdam. Er gehört u.a. dieser Akademie und der Leopoldina an.

[**_Erste Frage des Interviewers_**:] Leibniz gilt als Ahnherr: Ahnherr der Computertechnik wird er genannt und Begründer der Logik, die Idee der Evolution habe er als Erster formuliert. Er habe die Grundlagen geschaffen für das Unbewusste, für das Digitale, für die Rentenberechnung und die Feuerversicherung, er nahm die Relativitätstheorie vorweg. War er der klügste Mensch, der je in Deutschland geboren wurde?

Horst Bredekamp: *Er gehört zweifellos zu den klügsten, intelligentesten Wesen, die auf der Erde gewandelt sind. Das muss man sagen dürfen, ohne in die Gefahr der Übertreibung zu geraten.*

An der Wiege gesungen hat ihm eine solche Entwicklung niemand. Die Eltern sterben früh, er bildete sich in Bibliotheken. Mit 14 Jahren begann er das Studium, mit 21 wurde er promoviert. Später verbrachte er 40 lange Jahre als Bibliothekar. Das klingt nach einem beschaulichen, biederen Leben.

Eberhard Knobloch: *Er war von 1676 bis 1716 Bibliothekar beim Hannoveraner Herzog beziehungsweise Kurfürsten, der schließlich König von England wurde. Aber das diente nur der Existenzsicherung. Er beschäftigte sich mit tausend anderen Dingen. Zudem gingen dieser Anstellung seine vier prägenden Pariser Jahre voraus. Dort war er zum bedeutendsten kontinentalen Mathematiker herangewachsen. Man sollte es mit der Ahnherrschaft nicht übertreiben.*

Sie selbst nannten ihn einen „Ahnherrn der Computertechnik".

Knobloch: *Da haben Sie mich erwischt. Leibniz beschäftigte sich mit der Dyadik, der Reduktion aller Zahlen auf wechselnde Abfolgen von O und 1. Dieses Dualsystem liegt dem Computer zugrunde, der auf zwei elektrischen Zuständen basiert. Er hat aber nie einen Computer gebaut. Spätere Forscher im 20. Jahrhundert haben aus seinem Konzept eine duale Rechenmaschine entwickelt. Leibniz hat das Dualsystem auch überhöht zum Symbol für die Schöpfung. Er meinte, mithilfe der Dyadik Heiden bekehren zu können. Alles entstehe „von Gott und sonst aus Nichts". Gott braucht am Anfang nur die 1, um aus dem Nichts die ganze Welt zu schaffen.*

Durch Mathematik zu Gott: Müssen wir uns den Protestanten Leibniz als christlichen Denker vorstellen?

Constanze Peres: *Er war ein christlicher Denker, mit dem Schwerpunkt auf „Denker". In die Kirche ging er nicht, begriff sich aber als gläubigen Christen, der sogar die Gegensätze zwischen den Konfessionen versöhnen wollte und dazu Schriften vorlegte. Man kann ihn überhaupt einen Antizipator vieler großer Ideen nennen. Er schuf ein derart umfassendes, in sich stimmiges philosophisches System, dass darin alle „big questions" Platz hatten. Viele dieser Themen nahmen Entwicklungen der Wissenschaft und des Denkens vorweg, die viel später ausformuliert wurden. Aber sie sind bei Leibniz angelegt.*

Wie entsteht ein solches geistiges Titanentum? War es Fügung?

Bredekamp: *Wir können nicht in sein Gehirn sehen. Wichtig aber scheint mir, dass er ein starkes Körperbewusstsein besaß. Er trieb Sport, spielte Tennis. [2] Er fuhr in einer gelben Kutsche, mit Rosen bemalt, durch die Lande, damit er erkannt wurde. Er setzte sich mit dem Konkreten auseinander, schrieb eine Naturgeschichte der Erde, forschte in den Harzer Bergwerken, für die er ein neues Entwässerungssystem entwickelte. Dabei stieß er auf Fossilien, in denen er Reproduktionen ausgestorbener Spezies erkannte.*

Ein Ahnherr des Evolutionsdenkens ...

Bredekamp: *Er benannte diese Idee, ja. Dennoch sollten wir über der Fülle seiner Spezialinteressen nicht das Entscheidende vergessen: die umfassende Einbettung aller Ideen in ein ganzheitliches System. Wer ihn zum Ahnherrn nur eines besonderen Aspekts macht, verfehlt ihn.*

Also war er Universalphilosoph?

Bredekamp: *So wird er immer dargestellt, aber das ist auch eine Verkürzung.*

Knobloch: *Wir sollten sein Denken in Zusammenhängen herausstellen. Leibniz war überzeugt, dass man die Dinge nicht voneinander trennen darf. Zugleich war die Welt für ihn ohne Gott nicht vorstellbar. So entstand seine Formulierung, wir lebten in der besten aller möglichen Welten. Es wäre ja Blasphemie, anzunehmen, der liebe Gott bleibe unter seinen Möglichkeiten.*

Eine interessante Schlussfolgerung für einen Juristen, Mathematiker und Philosophen.

Knobloch: *Das Denken in Zusammenhängen ist der Schlüssel zu seiner Persönlichkeit. Er war Jurist und Philosoph und entwickelte sich in Paris autodidaktisch zum Mathematiker. Schon das Lateinische brachte er sich als Kind selbst bei.*

Über das Anschauen von Bildtafeln ...

Knobloch: *Er hat sich als Kind in der väterlichen Bibliothek mit Livius beschäftigt und die Bilder mit dem Text verglichen. Als er an die Universität seiner Heimatstadt Leipzig ging, irrsinnig jung, mit 14 Jahren, konnte er fließend Latein. Wir haben es mit einem Hochbegabten zu tun, der das Glück des Tüchtigen hatte. Sein Vater war Jurist, wodurch ihm Literatur zur Verfügung stand, auf die ein Arbeiterkind keinen Zugriff gehabt hätte. Als er im Alter von 26 Jahren nach Paris kommt, trifft er auf Christiaan Huygens, den bedeutendsten Physiker vor Newton. Huygens merkt, dass der junge*

Mann hochintelligent ist, aber keine Ahnung hat von Mathematik. Also stellt er ihm eine Aufgabe, die Leibniz eigentlich nicht hätte lösen können.

… aber dennoch löst?

Knobloch: *Natürlich. Es handelte sich um die Summierung der reziproken Dreieckszahlen, ersparen Sie mir Details. Huygens gibt ihm Fachliteratur, durch deren Studium Leibniz innerhalb von drei Jahren die Spitze der mathematischen Forschung erklimmt. Schon 1675 erfindet er die Differenzial- und Integralrechnung.*

Auf Johann David Schuberts Stich „Leibniz wählt zwischen der alten und neuen Philosophie" sieht man Leibniz, wie er sich in einem Wäldchen bei Leipzig für die Mathematik entschieden haben soll als seine neue Philosophie.

Bredekamp: *Die Philosophie war stark mathematisch geprägt und seine eigene Begrifflichkeit mathematisch durchtränkt. Zu Leibniz, dem Antizipator* [= Vorausnehmer], *tritt Leibniz, der Konziliator* [= Versöhner]. *Er hat die Systeme vereinigt.*

Leibniz war Optimist. Er dachte in Harmonien, begriffen als „Einheit in der Vielfalt", und hielt die Wahrheit für „weiter verbreitet, als man glaubt, aber oft ist sie übertüncht".

Peres: *Dieser Optimismus hängt mit dem Zentrum seines Denkens zusammen, der Metaphysik. Sosehr er an der Mathematik deren Methodik schätzte, das deduktive Denken, so deutlich sprach er sich für die Metaphysik als zentrale Disziplin aus. Seine großen Prinzipien sind ohne die Metaphysik nicht denkbar.*

Wie lauten die Prinzipien?

Peres: *Zum einen formulierte er das Prinzip der Identität und des Widerspruchs, zum anderen das Prinzip des zureichenden Grundes: Nichts ist und geschieht ohne Grund. Das erste Prinzip liegt allem Denken zugrunde – nichts kann zugleich wahr und falsch sein –, das zweite lässt alles, was ist, zugleich Folge eines Grundes und selbst*

Grund für weitere Folgen sein. In diesem Grund-Folge-Kontinuum ist für Leibniz alles wichtig, auch das kleinste Detail. Er nahm, was ihm geistig nutzte, wo auch immer es herstammte. In einem Brief schrieb er: Wenn mir ein neues Buch unterkommt, schaue ich nicht, was ich daran kritisieren, sondern welchen Nutzen ich daraus ziehen kann.

Knobloch: *Er sagte aber auch, man dürfe die Mathematik nicht von der Metaphysik abhängig machen.*

War er nun Metaphysiker oder Mathematiker, oder eher ein Denker des Körpers und mit dem Körper?

Peres: *Das widerspricht sich nicht.*

Bredekamp: *Leibniz kann für keine einzelne Perspektive vereinnahmt werden. Unter solchen Einseitigkeiten leidet sein Bild bis heute. Es ist sehr schwer, einen Kopf zu rekonstruieren, der Gegensätze nicht kannte, sondern von einer Universalharmonie ausging. Seit er in Paris die Mathematik der Multiperspektivität gelernt hatte, war er ein pluriperspektivischer Denker. Wenn Sie von einer unendlichen Multiperspektivität ausgehen, ist es widersinnig, einen Gesichtspunkt zu verabsolutieren. Leibniz entwarf ein Panorama der unendlichen Vergleiche.*

Jede Problemlösung wäre demnach Anfang eines neuen Problems, jedes Problem Kern einer Lösung.

Bredekamp: *Selbstverständlich. Nur so konnte er im Schatten des Dreißigjährigen Krieges, dessen Nachwirkungen er in seiner Jugend erlebte, Optimist sein.*

Kaum eine optimistischere Überzeugung scheint mir denkbar als jene, wonach der Mensch desto moralischer handle, je mehr er seine Erkenntnisfähigkeit verbessert. „Die wahre Freiheit des Geistes" bestehe darin, „das Beste zu erkennen und zu wählen". Die Klugen sind die Guten?

Knobloch: *Bei Leibniz erwächst wie in der Antike aus der Erkenntnisfähigkeit das moralisch Gute. Der Mensch ist frei, darum muss*

Gott das Böse in der Welt zulassen. Kein freier Mensch werde vorsätzlich das Böse wählen.

Dieser Optimismus klingt recht naiv.

Peres: *Dagegen wappnet sich Leibniz mit seiner Affektenlehre. Lust ist für ihn die sinnliche Form des Strebens und insofern eine Vorform des moralischen Strebens nach dem Guten. Er sieht den Menschen als körperliches Wesen und weiß natürlich, dass es auch eine Sinnlichkeit gibt, die vom moralisch guten Tun abhält.*

Also existiert eine Lust am Bösen?

Peres: *Nicht am Bösen schlechthin, sondern an dem, was dem Menschen gut erscheint, und das kann im Zweifelsfall ein Böses sein. Das Böse wird bei ihm immer als Mangel an Gutem begriffen, es hat keine eigenständige Existenz. Es gibt nur gut, weniger gut, noch weniger gut und so weiter. Die wirkliche Welt ist eben nicht absolut gut, sondern nur die beste aller möglichen Welten. Deshalb gibt es immer einen Mangel an Vollkommenheit und ein Streben nach Vervollkommnung, das nie zur totalen Vollkommenheit führen wird. Sonst stünde das Universum still.*

Bredekamp: *Das Böse ist die Bedingung der Freiheit und in diesem Sinn gut. Leibniz ist kein banaler Optimist, sondern begründet die Notwendigkeit des Bösen – das ist der Clou. Da denkt er christlich. Die grauenhafte Marter Christi bedingt ebenfalls das Gute.*

Heute wäre es gut, dass es den „Islamischen Staat" gibt?

Bredekamp: *Da sind wir bei Carl Schmitt: Ich werde mir dann in politischer Weise meiner selbst bewusst, wenn ich einen Feind habe, Natürlich sind Schmitt und Leibniz Antipoden, aber in dieser Hinsicht ähneln sich die Gedanken. Ohne Störung kein Leben – das gilt laut Leibniz auch für das Innere der Atome –, ohne Feind keine politische Bewusstwerdung, ohne Tod und ohne Elend kein Heil, keine Weisheit, keine Ethik. Peres: Wäre die Welt absolut gut, könnten wir gar nicht wissen, dass sie gut ist. Das Wissen wir nur, wenn* *wir auch das Schlechte kennen. Hinzu kommt: Der Mensch als un-vollkommen erkennendes Wesen hat nur einen bedingten Einblick in das Ganze. Woher wollen wir wissen, ob das schreckliche Erdbeben von Lissabon, das Voltaire der bestmöglichen Welt entgegenhielt, oder auch ein Vulkanausbruch, nicht 300 Jahre später, eine positive Wirkung hatten? Es gibt ja zum Beispiel kaum fruchtbareres Land als in Vulkangebieten.*

Knobloch: *Voltaire hat nicht begreifen wollen, dass die leibnizsche Vollkommenheit die Möglichkeit der Vervollkommnung meint. Voltaires Spott über die „Theodizee" in seinem „Candide" war ungerecht. Zumal die Idee der irdischen Vervollkommnung eine soziale Seite hatte. Die Gründung der Berliner Akademie etwa, die Leibniz 1671 mit seiner „Denkschrift zur Errichtung einer deutschen Akademie der Wissenschaften" angestoßen hatte, sollte den Lebensstandard der normalen Zeitgenossen heben. Er hatte auch das Elend des Handwerksmanns im Blick.*

Letztlich wünschte er sich eine Weltregierung durch Gelehrte: „Die Sozietät", also die Akademie, „kann (…) leicht dazu kommen, die Leitung eines Staates innezuhaben. Die Welt kann ihr unterworfen werden, und das alles nicht mit gewaltsamen Mitteln. (…) Strahlender Tag, der dann für die Menschheit anbricht!"

Bredekamp: *Diese Überzeugung hat er von Jugend an vertreten.*

Auf dem Weg dorthin erwies er sich als realpolitischer Kopf. Seinen „Ägyptischen Plan" von 1672 nannte man „das großartigste Beispiel eines weltpolitischen Traktats aus dem 17. Jahrhundert". Um den französischen Expansionsdrang in Europa zu stoppen, schlug er Ludwig XIV. vor, sich nach Ägypten zu wenden. Zugleich sollten so der Islam überwunden und eine neue Weltordnung der Bildung geschaffen werden.

Knobloch: *Leibniz stand als Kurfürstlicher Rat in Diensten des Mainzer Erzbischofs Johann Philipp von Schönborn, der ihn mit* *diesem Plan nach Paris schickte. Dort wurde er nicht vorgelassen. Er blieb vier Jahre in Paris und warf sich auf die Mathematik. Das „Consilium Aegyptiacum" war ein Auftragswerk, geboren aus der Sorge, Ludwig XIV. werde seine Annexionspolitik in deutschen Landen fortsetzen. Es blieb nicht Leibniz' einziger diplomatischer Einsatz. Er war ein Kissinger seiner Zeit.*

Bredekamp: *Er hat trotz mancher Rückschläge Außerordentliches erreicht. Die Personalunion von Hannover und England von 1714 hätte es ohne seinen Einsatz vermutlich nicht gegeben.*

<u>Kann man die Gründung der Akademie als politisches Projekt sehen?</u>

Bredekamp: *Unbedingt. Die entscheidende Idee dahinter ist leider fast vergessen.*

<u>Inwiefern?</u>

Bredekamp: *In Paris schreibt Leibniz den grandiosesten Text überhaupt, den „Gedankenscherz", „Drôle de Pensée". Nach dem Besuch einer Vorführung – ein Künstler-Ingenieur wollte über die Seine laufen und fliegen – verfasst er in einem Furor sechs, sieben Seiten: den Plan für ein Museum, eine Akademie, einen Staat, wie er radikaler weder davor noch danach formuliert worden ist. Die Akademie nennt er ein „Theater der Natur und Kunst" mit Gelehrtenversammlung und Kunstkammer; Theater meint alle Installation beweglicher Objekte. Ein Anatomiemuseum gehört dazu, ein Museum der Biologie, ein Kunstmuseum, ein Technikmuseum, aber auch eine Spielhölle, in der Falschspieler angestellt werden. Die Menschen sollen intuitiv zu rechnen lernen, weil sie bei jeder Sekunde gewahr sein müssen, dass am Tisch ein Betrüger sitzt.*

<u>Die Akademie soll sich zum Staat auswachsen, der aus pädagogischen Gründen Falschspieler beschäftigt.</u>

Bredekamp: *Die Akademie wird die staatlichen Institutionen aufsaugen. Er denkt auch an wandelnde Cyborgs, anhand deren man*

*über den Unterschied zwischen Organismus und Mechanik nachzu-
denken beginnt, oder an Theateraufführungen zum Erlernen frem-
der Sprachen mittels Gestik. Das Motto heißt: mit dem Körper denken.*

Blieb es beim Schreiben und Schwärmen?

Bredekamp: *In Hannover setzte Leibniz durch, dass jeder Berg-
werksarbeiter in die Kunstkammern nach Hannover und Wolfenbüttel die kostbarsten Absonderlichkeiten der Geologie einsenden
musste. Jeder Beamte in Niedersachsen war Angestellter des Museums.*

Peres: *Das Vergessen der körperlichen Dimension bei Leibniz ist
verwunderlich, denn in einer frühen Schrift begründet er die Un-
sterblichkeit damit, dass jede menschliche Seelenmonade sich über
den Tod hinaus kraft ihrer Erinnerung unabdingbar mit ihrem Körper identisch weiß. Wenn Zellen heute als Informations- und Kom-
munikationszentren bezeichnet werden, könnte sich Leibniz mit seiner Monadenlehre bestätigt fühlen. Jeder physikalische Körper ist
wohlfundiert in Monaden, das heißt in kognitiven Prozessen.*

Endlich: Die berühmte Monade! Worum handelt es sich?

Knobloch: *Um ein immaterielles, unsterbliches Kraftzentrum. Da
brauchen Sie den lieben Gott, der bei der Schöpfung der Welt die
Zuordnung vorgenommen hat zwischen dem Materiellen und dem
Nichtmateriellen, der Monade jedes Lebewesens. So entstand die
prästabilierte Harmonie Auf Harmonie läuft es bei ihm immer hinaus.*

Peres: *Ich sage meinen Studenten immer, Philosophen sind ein
bisschen verrückt. Sie verrücken das normale, gewohnte Denken in
eine andere Dimension. Darauf muss man sich einlassen. Leibniz
stellt die radikalste Frage: Warum gibt es überhaupt etwas und
nicht nichts? Er sucht nach den allerersten Entitäten, die übrig
bleiben, wenn ich die Welt immer weiter zerlege. Atome scheiden*

aus, Atome sind Teilchen Teilchen kann man bis ins Unendliche weiter teilen. teilen. Die Basiseinheiten der Welt können laut Leibniz, um nicht teilbar zu sein, auch nicht materiell sein. Sie müssen metaphysische Kräfte sein, Prozesse, Strebeprozesse.

<u>Aber das gilt nur für Menschen. Pflanzen oder Steine streben nach nichts.</u>

Peres: *Das denken <u>Sie</u>! Leibniz zufolge gibt es im Universum „nichts Ödes, nichts Unfruchtbares, nichts Totes". Gegenstände oder Pflanzen mögen nicht ersichtlich nach etwas streben, aber sie werden von kognitiven Strebeprozessen konstituiert. Auch ein Granitstein verändert sich fortwährend, wird eines Tages zerfallen sein. Wir dürfen unseren subjektiven Zeitbegriff nicht allen Entwicklungen überstülpen.*

<u>Leibniz hielt Raum und Zeit „für etwas Relatives". Newton widersprach ihm.</u>

Peres: *Deshalb heißt es, Leibniz habe die Relativitätstheorie vorweggenommen. Es gibt nach ihm nicht Raum und Zeit für sich, in denen die Dinge und Lebewesen existieren, sondern deren Miteinander konstituiert das, was wir ihr Nacheinander das, was wir Zeit und in ihrer notwendigen Relativität eben Raum-Zeit nennen. Es gibt keine Trennung zwischen erkennendem Ich und den Dingen, weil wir, als Bestandteil dieses Mit- und Nacheinanders, daran durch unsere sogenannten Perzeptionsprozesse beteiligt sind. Perzeption ist der beste Ausdruck, da es nicht nur um Operationen des Verstands geht, sondern auch um unbewusste Prozesse. Während wir hier sitzen, dringen Millionen Sinnesreize auf uns ein, die uns prägen, ohne dass wir sie einzeln wahrnehmen.*

Bredekamp: *Das ist die ungeheuerlichste Einsicht überhaupt, die Feuer legt an Grundlagen der Schulphilosophie: seine Theorie der kleinen Perzeptionen. Das wichtigste Beispiel ist der Mensch an der Küste, der nach einer Weile das Meeresrauschen nicht mehr hört,* *aber unbewusst wahrnimmt und so jenseits aller Reflexion an den Grundregeln der Gravitation Anteil hat, mit Ebbe, Flut, Mondbewegung. Die Entdeckung des Unbewussten durch die Psychoanalyse ist hier vorgebildet. So setzt Leibniz sich von Descartes ab, wie auch durch seinen Begriff vom Kosmos, der zwischen Geist und Materie nicht unterscheidet.*

Peres: *Descartes' „Ich denke, also bin ich" hat laut Leibniz fürchterliche Konsequenzen. Wenn ein Wesen nur ist, wenn es bewusst denkt, dann existiert es nicht, wenn es schläft. Außerdem werden Tiere aus dem Kreis der wahrnehmenden Wesen ausgeschlossen, sind Automaten ohne Seele. Diesen Geist-Körper-Dualismus überwindet Leibniz, auf den sich deshalb die boomende Disziplin der Tierphilosophie berufen kann. Denn für ihn ist die ganze Welt beseelt, einschließlich der Tiere und Pflanzen. Leibniz wertet damit das Körperliche und das sinnliche Erkennen ungemein auf.*

Womit wir beim ganzheitlichen „Theater der Natur und Kunst" wären. Die 1700 als „Kurfürstlich Brandenburgische Sozietät der Wissenschaften" gegründete Akademie, deren erster Präsident Leibniz war, entwickelte sich anders.

Bredekamp: *Dafür stieß er bei Zar Peter dem Großen, der ihn zum Geheimen Justizrat ernannte, auf offene Ohren. Auf dessen erster Westeuropareise 1697 hat Leibniz ihm ein Institut für die Wissenschaften und Künste vorgeschlagen. Bei weiteren Treffen in Bad Pyrmont und Herrenhausen 1716 drang er auf ein „Theater der Natur und Kunst", wie es dann in Sankt Petersburg umgesetzt wurde. Auf der Newa-Insel entstand eine 1730 eingeweihte Kunstkammer mit angeschlossener Sternwarte, ein Palast der Wissenstechnik. Leider hat Leibniz diese Erfüllung seiner vielleicht wichtigsten Lebensidee nicht mehr erlebt.*

Knobloch: *Er schrieb, es sei ihm „lieber, bei den Russen viel Gutes auszurichten, als bei den Deutschen oder andern Europäern we-*

nig". In jeder großen Darstellung der Russischen Akademie wurde und wird bis heute die Rolle von Leibniz nachdrücklich gewürdigt. Er ist ein Aushängeschild für Deutschland, wie wir nicht viele haben.

Er blickte bis nach China, dessen Missionierung durch die Akademie er erhoffte.

Bredekamp: *Wobei er China für die höher entwickelte Kultur gegenüber der europäischen hielt. Die Position als Großwesir der russischen Wissenschaften war für ihn auch ein Sprungbrett, um nach China zu kommen. Er schrieb ein Buch über China, war aber nie dort.*

Wir haben nun oft von seinen Schriften gesprochen, sein Hauptwerk sind indes seine Briefe.

Peres: *Seine Briefe sind auch Schriften.*

Knobloch: *Er hat mit über 1000 Briefpartnern korrespondiert. Der Nachlass umfasst etwa 200 000 Blatt, darunter 15 000 Briefe und über 50 000 Abhandlungen und Aufzeichnungen, das meiste auf Lateinisch, fast alle Wissensgebiete betreffend. Es ist der größte weltweit bekannte Gelehrtennachlass. Die editorischen Arbeiten haben 1901 begonnen und sollen bis 2055 abgeschlossen sein.*

Heute würde Leibniz mailen, chatten?

Knobloch: *Er war extrem kommunikativ. Sein Denken hat sich im Dialog entwickelt. Er brauchte Partner und litt, wenn er keinen hatte. Er hinterließ Aufzeichnungen des Inhalts: Sitze hier im Gasthaus, habe keinen, mit dem ich sprechen kann, nehme jetzt meine alten Rechnungen wieder vor. Er war ein extremer Workaholic. Sein Wahlspruch war: Lieber will ich zweimal das Gleiche tun als einmal nichts.*

Bredekamp: *Es gibt ein Tagebuch von 1696/97, dem wir seinen Tagesablauf entnehmen können. Er geht um Mitternacht zu Bett, hat ein Gestell vor sich, auf dem er bei Kerzenschein zwei Stunden lang*

*Briefe schreibt. Zwischen 6 und 7 Uhr steht er auf. Bevor er früh-
stückt, schreibt er eine halbe Stunde lang einen revolutionären Text
zur Lichttheorie, das „Tentamen anagogicum". Der Tagesablauf ist
zerfetzt von diplomatischen Empfängen und Terminen, er trifft Ingenieure, muss zum Kurfürsten, macht Amtsgeschäfte, abends schreibt
er wieder. Körper und Geist sind in permanenter Schwingung. Er
denkt beim Gehen, er geht beim Denken.*

Peres: *Die besten Gedanken, sagte er, kommen mir im Dämmerzu-
stand. Trotz aller Mitteilungsfreude gibt es keinen wirklich privaten
Brief.*

Knobloch: *Doch, er schrieb einem Neffen und manchmal auch
Schuldbriefe an die Familienangehörigen.*

Aber es gab keine Frau in seinem Leben.

Knobloch: *Eine entscheidende gab es, die preußische Königin Sophie Charlotte.*

Peres: *Die hat er wirklich geliebt. Nach ihrem Tod erhielt er Bei-
leidsbriefe.*

Knobloch: *Der Standesunterschied war unüberwindlich. Aber sie
waren vom gleichen Geist. Sie verbrachten 1702 einige Monate auf
dem Berliner Schloss Lietzenburg, das heute Charlottenburg heißt.
Es war die glücklichste Zeit seines Lebens. Er schrieb 1705 einen
anrührenden Nekrolog.*

Es blieb eine platonische Beziehung.

Bredekamp: *Er sagte von sich, er sei im Emotiven nicht vollständig
entwickelt. Er war sehr ehrgeizig, ein Adliger ohne Adelsstatus, ein
Aufsteiger mit Selbstdarstellungstrieb. Ich denke an die schreckliche
Szene vor dem österreichischen Kaiser Leopold, dem er in 20 Minu-
ten eine Reform des Staats-, Erziehungs- und Wissenschaftswesens
vorstellen sollte. Nach anderthalb Stunden musste er gewisserma-
ßen aus dem Raum getragen werden. Er hörte nicht auf zu reden
und brachte sich so um alle Wirkung.* [3]

Knobloch: *Er wurde nie in den Adelsstand erhoben, obwohl er im letzten Lebensjahr mit „von" unterschrieb.*

Ein Fall von Hochstapelei.

Knobloch: *Das Freundlichste, was man sagen kann, ist, die Nobilitierung sei ihm in Aussicht gestellt worden. Er litt darunter, dass er als Hofrat in der Rangordnung unten angesiedelt war. Das ließen ihn die Leute spüren. Er seinerseits konnte es nicht lassen, den Mächtigen zu raten, jene anzuhören, die Verstand haben ohne Macht. Da klang der Umkehrschluss an, die Mächtigen seien ohne Verstand. Das hörte man am Hof nicht gern.*

Hängt es mit diesen Verhärtungen zusammen, dass er 1716 unter Ausschluss der Öffentlichkeit begraben wurde?

Knobloch: *Er war Persona non grata geworden. Den Hannoveraner Kurfürsten hatte es verdrießlich gestimmt, dass Leibniz mit seiner Hauptaufgabe, einer Geschichte der Welfen, nicht vorankam. Nur das erste Heft legte er vor. Er erzählte streng aus den Quellen und wurde Wegbereiter der modernen Historiografie. Wohl aber war er zwei Jahre in eigenem Auftrag in Wien, um für eine Akademie zu werben, die freilich erst 1847 gegründet wurde; mit Leibniz als „Ahnherrn", heißt es auf einer Tafel. Als Georg I. 1714 König von Großbritannien wurde, hoffte Leibniz auf neue Betätigung in England. Georg beschied ihm: Du bleibst hier und schreibst die Welfengeschichte fertig. Trotzdem ist es erbärmlich, dass dieser große Mann von einem Totengräber und einem persönlichen Diener zur letzten Ruhe geleitet wurde.[4] Da möchte man heute noch weinen.*

Auf seinem Sarg steht: „Ein Teil des Lebens geht verloren, wenn eine Stunde vergeudet wird." Ist das nicht traurig?

Bredekamp: *Aber nein! Letztlich gibt es im leibnizschen Welt- und Menschenbild keine Vergeudung. Wir alle entfalten uns, ob in Jahrmillionen wie der Granit oder 80 Jahren wie der Mensch.*

Peres: *Nichts ist vergeblich, buchstäblich nichts.*
Was also bedeutet Leibniz heute?
Knobloch: *Eine Hoffnung für die Universalgeschichte des Denkens – und eine Herausforderung für die Bestimmung der Welt.*

Auf den Seiten dieses Interviews sind die folgenden informativen Texte eingestreut:

DIE KUTSCHE: Wer im Auftrag seines Herrn, des Kurfürsten von Mainz oder des Herzogs von Hannover, die Lande durchmisst, braucht eine Kutsche. Was Wunder, dass Leibniz sich um deren Beschaffenheit ebenfalls Gedanken machte. Wir sehen: Gelb bemalt war sie nicht immer. [Abgebildet ist eine von Leibniz schematisch gezeichnete Kutsche, ohne Räder. JGR]

DIE DOPPELTE SOPHIE: Zwei Sophien kamen Leibnizens Herz und Verstand besonders nahe: Sophie von der Pfalz, als Kurfürstin Sophie von Hannover, und deren Tochter, die hier abgebildete Sophie Charlotte, Herzogin von Braunschweig, später die erste preußische Königin an der Seite Friedrichs I. [Die Abbildung zeigt die Königin im Prachtornat. JGR]

EIN KANAL, DER NIEMALS WAR: Ingenieur Leibniz sorgte im Auftrag der Kurfürstin Sophie, Prinzessin von der Pfalz, für ausreichende Wasserzufuhr in den Herrenhäuser Gärten. Sein Plan eines Kanals wurde aber dem Ziel geopfert, den Garten nach Süden zu erweitern: „Wassertechnik, Schönheit und epikureische Geselligkeit waren die Hauptelemente, die Leibniz dem Garten zu vermitteln suchte" (Bredekamp) [Ein Gesamtansicht der Herrenhäuser Gärten, mit dem Schloss im Vordergrund, ist abgebildet. JGR]

DER MENSCH UNTER DER PERÜCKE: Bilder machen Geschichte, und Menschen sorgen für Bilder. Zur festen Ikonografie des Gelehrten zählt die ausladende Perücke, die ein früh haarloses Haupt und eine bald hinzugetretene taubeneigroße Geschwulst bedeckte. Darunter aber prangte ein cäsarischer Kopf, der uns anblickt wie aus einem Heute, der Büste Christopher Hewetsons sei Dank. [Die Büste aus weißem Marmor ist abgebildet. Sie zeigt Leibniz mit völlig kahlem Kopf. JGR]

DIE UMFASSENDE SPRACHE: Dem Philosophen Leibniz war Sprache das Wichtigste. Er arbeitete an einem umfassenden Zeichensystem, der Characteristica universalis, um Fehler im Denken zu vermeiden. Mit der Losung „Calculemus!" – „Lasst uns rechnen!" sollten dann Streitfälle des Denkens mathematisch behoben werden können. [Abgebildet ist ein gezeichnetes Schema, das zugleich Kreis, Viereck und Stern ist. Zu lesen sind darin eine Reihe zentraler philosophischer Begriffe. JGR]

DAS BÖSE IN DER WELT: Das einzige Buch, das zu Leibnizens Lebzeiten erschien, hätte genügt, ihren Autor in der Weltgeschichte des Denkens zu verewigen. In der „Theodizee" von 1710 – hier ein Frontispiz von 1720 – stellt er die Frage nach dem Ursprung des Bösen und der Rechtfertigung Gottes, der trotz allen Leides die bestmögliche Welt geschaffen habe: „Die Sünden geschehen, weil die Universalharmonie der Dinge, die das Licht durch Schatten hervorhebt, es so mit sich bringt.". **(5)**

Sie wissen mehr über Leibniz, als in ein Gespräch passt: der Mathematiker Eberhard Knobloch, die Philosophin Constanze Peres und der Kunsthistoriker Horst Bredekamp. [Die drei Forscher sind abgebildet. JGR]

„Wäre die Welt absolut gut, könnten wir nicht wissen, dass sie gut ist. Das wissen wir nur, wenn wir auch das Schlechte kennen" (Constanze Peres)

WASSERSPIELE: Die große Fontäne im Großen Garten von Herrenhausen ermöglichte Leibniz durch seine Berechnungen und Pläne. Schloss und Park sollten Versailles übertreffen, mit Lichtspielen,

Lustfahrten und Maulbeerbäumen zur Seidengewinnung. Wenngleich Leibniz sich damit nicht durchsetzte, blieb der Garten, so Horst Bredekamp, „in seinem Begriff der Natur das Zentrum". [Abgebildet ist ein historischer Stich, der die Fontäne, umrahmt von einer großen Freitreppe, zeigt. Im Vordergrund sind sieben lustwandelnde Personen mit zwei Hunden zu sehen. JGR]

DIE QUADRATUR DES KREISES: Wie jeder Mathematiker versuchte sich auch Leibniz an der Quadratur des Kreises. Er zeigte, dass sich die Kreisfläche durch eine unendliche Reihe rationaler Zahlen berechnen lässt. Auch so dürfte er sich der von ihm für unhintergehbar gehaltenen Universalharmonie weiter angenähert haben. [Eine abgebildete Zeichnung zeigt einen Kreis in einem Quadrat. JGR]

DAS INFINITE BERECHNEN: Schon 1684 legte Leibniz seine erste Schrift zur Infinitesimalrechnung vor. Mit ihr wollte er das Unendliche symbolisch widerspruchsfrei ausdrücken und Differential- und Integralrechnung betreiben. Isaac Newton gelangte unabhängig zu denselben Einsichten, worüber ein hässlicher Prioritätenstreit ausbrach. [Eine Abbildung dazu zeigt geometrische Kurven. JGR]

DIE NEUE RECHENMASCHINE: Staffelwalze und Sprossenrad waren Leibnizens Zutaten zur Rechenmaschine. So wurde es möglich, Zahlen auch zu multiplizieren und zu dividieren. Der Übertrag in die nächste Stelle des Dezimalsystems gelang dank neuer Zahnräder. Ein erstes Modell stellte Leibniz 1673 in London der Royal Society vor, welche ihn daraufhin in ihre Reihen aufnahm. Er hatte wieder einmal beeindruckt. [Eine der von Leibniz konstruierten Rechenmaschinen ist abgebildet. JGR]

DER WICHTIGE LEHRER: Christiaan Huygens war einer der bedeutendsten Mathematiker und Physiker seiner Zeit. Leibniz traf ihn 1672 in Paris, lernte so die Geheimnisse der Zahlen kennen und eignete sie sich derart gut an, dass es bald einen neuen sehr bedeu-

tenden Mathematiker geben sollte, den jungen Gast aus Deutschland. [Huygens ist abgebildet. JGR]
DIE FRÄNKISCHE UNIVERSITÄT: Altdorf bei Nürnberg konnte sich bis 1809 mit einer veritablen Universität schmücken. Hier wurde der 21-jährige Leibniz 1667 zum Doktor beider Rechte promoviert – über ein Thema, das universalen Ehrgeiz andeutete: „De casibus perplexis in jure" – „Über scheinbar unlösbare Rechtsfälle". Prompt boten die entzückten Franken ihm eine Professur an. Leibniz lehnte dankend ab. Seinen Geist wollte er nicht fesseln. [Ein abgebildeter historischer Stich zeigt die Stadt Altdorf von oben. Sie ist fast kreisrund, umgeben von einer Stadtmauer. JGR]
„Das Böse ist die Bedingung der Freiheit und in diesem Sinn gut. Leibniz ist kein banaler Optimist, er begründet die Notwendigkeit des Bösen" (Horst Bredekamp)

Die von Horst Bredekamp im obigen Interview betonte „umfassende Einbettung aller Ideen in ein umfassendes System" bei Leibniz wird von Prof. Wenchao Li folgendermaßen konkretisiert:

Leibniz wollte in der Praxis wirken; er wollte, dass man ihm Gehör schenkt, Einfluss einräumt und seinen Ratschlägen folgt. Wobei von früh an drei Ziele im Zentrum all seiner Überlegungen und Tätigkeiten stehen sollten: Gottes Ehre, das Allgemeinwohl und individuelles Glück! Wenn man will, können wir hier auch gleich die drei bestimmenden Grundelemente bei Leibniz sichtbar machen: der durch die Renaissance belebte Humanismus, die durch die Reformation eingeleitete Bejahung, ja Verpflichtung zum allgemeinen Besten, und drittens das Vertrauen auf die methodische Naturerkenntnis, das Beste auch erreichen zu können. Diesem sich auf die Achtung des Individuums, auf die Vermehrung von Gottes Ehre und auf die Verbesserung des allegemeinen Lebens selbst verpflichtenden

Leibniz haben sich der Philosoph, Jurist, Techniker, Sprachforscher und nicht zuletzt der Wissenschaftsorganisator Leibniz unterzuordnen. Hier liegt nach meiner Deutung der Schlüssel: Was wir Interdisziplinarität nennen, war bei Leibniz Harmonie; was wir als Orientierungswissen und Fachwissen bezeichnen und gegeneinander abgrenzen, waren bei Leibniz eine Einheit; die Finalität als Handlungsnorm und die Kausalität als Zugang zur Naturerkenntnis bilden von Anfang an zwei Seiten einer Medaille und sind nicht voneinander zu trennen! **(6)**

Fußnoten:

(1) Titel und Vorspann des Interviews: *Ein Held für jede Gegenwart. Er kennt unsere Zeit, schaut uns ins Herz und bleibt uns voraus: ein Gespräch über Gottfried Wilhelm Leibniz, den klügsten, neugierigsten und optimistischsten Deutschen aller Zeiten.* – Auf dem vorderen Cover der Zeitschrift ist der künstlerisch gezeichnete Kopf Leibnizens zu sehen, darunter der folgende Titel: *Der klügste Deutsche. Das Universum des Gottfried Wilhelm Leibniz.* – Das Interview führte Alexander Kissler – Auch der einführende Leitartikel des Chefredakteurs Christoph Schwennicke (S. 3) mit dem Titel „Das Denken der Steine" hat Leibniz als Thema.

(2) Es ist andererseits überliefert, dass Leibniz die Gewohnheit hatte ganze Tage und auch Nächte lesend und schreibend in seinem Sessel (bzw. in einer Kutsche reisend) zu verbringen. Das war natürlich keine „sportliche" Lebensweise mehr, und man muss es als einen „Raubbau" an seinem Körper und an seiner Gesundheit bezeichnen. – Kein Wunder, dass er in seinen letzten Lebensjahren sehr unter der Gicht zu leiden hatte.

(3) Also ein „Rausschmiss". Peinlich, peinlich! – Offensichtlich hat Leibniz hier die Situation falsch eingeschätzt. Sein Übereifer verleitete ihn dazu, dem Kaiser und dessen Umgebung durch Überlänge seines Vortrages auf die Nerven zu gehen und ihre Geduld und Intelligenz überzustrapazieren. Hier wäre „weniger mehr gewesen". Es liegen hier ein Defizit an psychologischem Einfühlungsvermögen (Empathie) und eine Befangenheit in sich selber (mit Verengung des Blicks) vor, aber auch eine falsche „Pädagogik" sozusagen. Leibniz praktizierte hier einen „Frontalunterricht". Es wäre gut gewesen, er hätte sich durch zwischenzeitliches Nachfragen vergewissert, ob und inwieweit er verstanden wurde. Idealerweise hätte es zu einem „Unterrichtsgespräch" kommen sollen.

(4) Es ist überliefert, dass bei Leibnizens Beerdigung auch ein Jude mit dem Namen Raphael Levi anwesend war, ein *„erfolgreicher und anscheinend vielseitiger Gelehrter und Aufklärer".* (Li: Ein Weltbürger und seine Wahlheimat, G.W. Leibniz in Hannover, S. 10. Mit einem Bild Levis)

(5) Das Frontispiz ist abgebildet. Es zeigt die auf einem Sockel stehende Statue eines Gelehrten, umgeben von einem Zaun. Der Gelehrte trägt einen langen Gelehrtenmantel, lächelt freundlich und hat ein Buch in der Hand. Auf dem Sockel ist zu lesen: DESID. ERASM. Im Hintergrund ist ein breiter Kanal mit einer Reihe von Häusern an der Seite zu erkennen. Offensichtlich handelt es sich hier um die Statue des berühmten Humanisten Desiderius Erasmus von Rotterdam, vermutlich in seiner Heimatstadt stehend.

Ich nehme an, dass hier irrtümlicherweise (oder weil man im Moment nichts Besseres fand) das Frontispiz eines Erasmus-Werkes statt des Frontispizes von Leibnizens „Theodizee" abgebildet wurde. – Oder sollte die Abbildung des Erasmus Ausdruck der Verehrung sein, die Leibniz dem Erasmus entgegenbrachte?

Wie dem auch sei! Ich möchte dies jedenfalls zum Anlass nehmen, kurz etwas zu Erasmus zu sagen: Der berühmte Humanist darf als ein „Querdenker" in seiner Zeit bezeichnet werden. Vergleiche seine Werke „Lob der Torheit" und „Über den freien Willen" (siehe Kindlers Literatur Lexikon). Durch das letztere Werk brachte er sowohl Martin Luther als auch die katholische Kirche in Rage. Minois schreibt über ihn: *Dem Holländer ist das Zweifeln zur Gewohnheit geworden, weshalb ihn 1526/27 die Sorbonne wegen mehrerer „empörender, gotteslästerlicher und ketzerischer" Sätze verurteilt, die einige seiner Schriften enthalten.* (S. 118) Und über die wichtige Rolle des Zweifelns bei den Humanisten schreibt Minois: *Der Zweifel: dies ist unstreitig eines der Leitworte der Humanisten, das auf eine neue Geisteshaltung hindeutet. Angesichts der verkrampften Dogmatismen der beiden Lager, des katholischen wie des protestantischen, schlagen Denker den Zweifel als Heilmittel gegen die Konfrontationen vor. Dem Erasmus im ersten Lager entspricht [Sebastian] Castellio im zweiten, Verfasser einer <u>De arte dubitandi</u> [= „Die Kunst des Zweifelns"], in der er jene Menschen geißelt, „die den Zweifel nicht kennen, die Unwissenheit nicht kennen, sich nur in apodiktischen Behauptungen zu äußern verstehen, die dich kurzerhand verdammen, wenn du dich von ihnen entfernst, und die nicht nur niemals an sich selbst zweifeln, sondern auch bei keinem anderen Zweifel dulden". „Hätten die Christen mehr gezweifelt, so wären sie nicht mit so vielen verhängnisvollen Verbrechen besudelt." [mit Quellenangaben]. Es taucht bereits die Argumentation der Philosophen gegen den Fanatismus auf.*

<u>Offensichtlich könnten religiöse Fanatiker der heutigen Zeit von der Bereitschaft der Humanisten zum Zweifel viel lernen!</u>

<u>(6)</u> Wenchao Li: Ein Weltbürger und seine Wahlheimat. G.W. Leibniz in Hannover, S. 23 f.

HAZ-Berichte zu den Jubiläumsveranstaltungen

Ich habe im Folgenden einige solcher Berichte zusammenfassend wiedergegeben, und zwar in Form von Literaturangaben plus Anmerkungen (darin einige Zitate):

Benne, Simon. „Einen Leibniz hätte ich gern als Berater". Weil beim Festakt im Schloss zum Start ins Jubiläumsjahr. HAZ am 20. Jan. 2016. – <u>Zitate daraus</u>: *Ministerpräsident Stephan Weil würdigte Leibniz als Vorreiter der Globalisierung: „Er war zu seiner Zeit bahnbrechend, weil er China für die Gelehrten entdeckt hat", sagte er – insofern sei Leibniz ein würdiger Patron eines weltoffenen Niedersachsen: „Einen Leibniz hätte ich gern als Berater gehabt", scherzte Weil. […] Wenn Wissenschaftler heute interdisziplinär Antworten auf die Fragen der heutigen Zeit zu geben versuchten, stünden sie ganz in seiner* [= Leibnizens] *Tradition* [sagte Oberbürgermeister Schostok; und der Generalsekretär der gastgebenden Volkswagenstiftung, Wilhelm Krull, gab „allen die Leibniz` Erbe pflegen wollten, einen guten Rat":] *„Neugierig bleiben!"* […] *In seinem Festvortrag „Tierisch menschlich" ergründete Dominik Perler vom Institut für Philosophie der Berliner Humboldt-Uni dann den Zusammenhang von Sprache und Denken: Laut Leibniz, so referierte er, sind nur Menschen in der Lage, logische Schlüsse zu ziehen, da nur sie einen Geist haben, der eine Sprache entwickeln und Urteile bilden kann: „Die Folgerungen der Tiere sind nur ein Schatten von Vernunftschlüssen", zitierte Perler den Universalgelehrten. Heute wird über dieses Thema von Verhaltensforschern und Ethikern wieder heiß diskutiert: „Wer sich heute mit Leibniz beschäftigt, wird angespornt, sich mit diesen aktuellen Fragen zu beschäftigen", sagte Perler.* [… Ein ausführlicher Bericht über den Festakt wird für „morgen in der HAZ" angekündigt. JGR] (Auch der Löwe „urteilt", wie er sich am besten an seine Beute anschleichen kann, möchte ich hier anmerken. JGR)

Benne, Simon. Das Genie und der Schimpanse. Das Leibniz-Jahr startet mit einem Festakt im Schloss – und der Frage, was Menschen zu Menschen macht. HAZ am 21. Jan. 2016. – Zitate daraus: *In Leibniz finden alle, die einen ethischen Umgang mit Tieren anmahnen, einen Verbündeten: Er hielt Tiere – ebenso wie Menschen – für beseelte Wesen, die leiden und empfinden können und folglich schutzbedürftig seien. Dennoch brachte Perler einen Unterschied ins Spiel: „Menschen können reflektieren, was sie tun – sie sind daher für ihre Taten verantwortlich", sagte er. Da sprach er wohl ganz im Sinne von Leibniz. Dieser hatte 1705 in einem Essay geschrieben: „Frei sind Menschen in dem Maße, in dem sie über ihren Leidenschaften stehen."* (In der sich anschließenden Diskussion kamen auch die Hamburger Kulturphilosophin Birgit Recki und die Afrikanistin Rose Marie Beck zu Wort. Einige Kernsätze von ihnen werden zitiert.)

Benne, Simon. Das Leibniz-Jahr. HAZ am 7. Jan. 2016. – Textauszug: *Mit Familienaktionen und hochkarätigen wissenschaftlichen Vorträgen erinnert das historische Museum 2016 an den großen Gelehrten: Vom 14. Juni an hält Prof. Brandon C. Look eine Vortragsreihe zum Thema „Wozu noch Leibniz?"*

Benne, Simon. Das passiert im Leibniz-Jahr. HAZ am 21. Jan. 2016. – Mitgeteilt wird Folgendes: *Noch bis zum 28. Februar ist im Neuen Rathaus die Ausstellung „Leibniz in bester Gesellschaft" zu sehen.* [Weitere Veranstaltungen sind:] *Vortragsreihe im Schloss Herrenhausen über einige Arbeitsbereiche Leibnizens. Am 21. Juni Eröffnung der Ausstellung „Leibniz` letztes Lebensjahr" in der Leibniz-Bibliothek. Leibniz-Kongress vom 18. bis 23. Juli, organisiert von dem Leibniz-Professor Wenchao Li. Es sollen mehrere hundert Wissenschaftler aus aller Welt kommen. Am Todestag Leib-*

*nizens (14. November) wird es eine Kranzniederlegung in der Neu-
städter Kirche sowie einen Festakt mit Ministerpräsident Stephan
Weil in Schloss Herrenhausen geben.*

Benne, Simon. Der Philosoph für Anfänger. Eine Schau im Neuen
Rathaus macht Lust auf das Leibniz-Jahr. HAZ am 8. Jan. 2016. –
Es wird unter anderem mitgeteilt: *Bis zum Schluss hatte er große
Pläne: Noch im Sommer 1716, wenige Monate vor seinem Tod, reiste
Gottfried Wilhelm Leibniz nach Bad Pyrmont, um dort Zar Peter I. zu
treffen. Bad Pyrmont war für Europas Elite vor 300 Jahren ein at-
traktiver Ort. Der Gelehrte versprach dem Zaren, er werde ihm bald
seine Rechenmaschine schicken – doch fertig wurde diese nie. „Leibniz suchte durchaus die Nähe der politischen Macht", sagt Michael
Kempe, Leiter des Leibniz-Archivs. […] Gleichwohl hält die Schau
auch für Leibniz-Kenner Überraschungen bereit. Da ist zum Beispiel die Sache mit China: Leibniz hegte wohl heimliches Miss-
trauen gegen die Asiaten. Wiederholt mahnte er die Jesuiten in China, mit denen er korrespondierte, europäisches Know-how nicht zu
großzügig preiszugeben, sondern sich eher das Wissen der Chinesen
anzueignen. Offenbar hatte er Angst, China könne Europa abhän-
gen: „Für einen uneingeschränkten und gleichberechtigten Austausch der Kulturen trat er jedenfalls keineswegs ein", sagt Kempe.*

Benne, Simon. Dutzende Veranstaltungen für Hannovers Univer-
salgenie. HAZ am 4. Jan. 2016. – Es wird u.a. Folgendes mitgeteilt:
*Talkrunde zum Thema „Leibniz heute in Politik und Wissenschaft".
Das Wilhelm-Busch-Museum zeigt ab dem 10. Juli Leibniz-Comics.
Die Stadtbibliothek lädt zu Leibniz-Lesungen für Kinder. In der
Neustädter Kirche gibt es Konzerte am Leibniz-Grab.*

Benne, Simon. Gottesdienste zum Leibniz-Jahr. HAZ am 16. Jan.
2016. – Bei den zwölf Gottesdiensten „singen Solisten und teils
auch Chöre aus Hannover geistliche Werke, die schon Leibniz gehört haben könnte".

<u>Sedelies, Jan</u>. Aktion: Mit der HAZ auf den Spuren von Leibniz. Tourvorstellung und Spendensammlung gestartet. HAZ am 10. Febr. 2016. – Es werden vier Touren angeboten: (erstens) Universitätsstadt Helmstedt und die Bibliothek in Wolfenbüttel, die Leibniz geleitet hat; (zweitens) Paderborn, wo im Heinz-Nixdorf-Museum ein Nachbau der Leibnizschen Rechenmaschine zu sehen ist; (drittens) Besuch des Bergwerksmuseums in Clausthal-Zellerfeld im Harz (Leibniz war längere Zeit im Harz, befasste sich dort mit dem Bergbau); (viertens) Thema „Das Vermächtnis": Reise nach Göttingen, Besuch des Universitätscampus, Führung durch das Max-Planck-Institut für Sonnensystemforschung.

Die Leibniz-Stiftungsprofessur

Am 26. Juni 2015 veröffentlichte das Referat für Kommunikation und Information der Universität Hannover die folgende Mitteilung (mit dem Titel *„Leibniz-Stiftungsprofessur begleitet das Leibniz-Jahr 2016"* und dem Untertitel *„Finanzierung bis Mitte 2017 gesichert"*). Die Pressemitteilung liefert einen interessanten Einblick in den Wissenschaftsbetrieb; sie lautet wie folgt:

Die Leibniz-Stiftungsprofessur an der Leibniz Universität ist für weitere zwei Jahre bis zum 30. Juni 2017 finanziell gesichert und verlängert worden. Stiftungsprofessor bleibt in dieser Zeit der renommierte Leibniz-Experte und Philosoph Prof. Wenchao Li. Finanziert wird die Leibniz-Stiftungsprofessur von der Landeshauptstadt Hannover, dem Niedersächsischen Ministerium für Wissenschaft und Kultur sowie der Leibniz Universität Hannover.

Mit der Entscheidung, weitere zwei Jahre zur Finanzierung der Leibniz-Stiftungsprofessur beizutragen, unterstreicht die Landesregierung die Bedeutung, die Gottfried Wilhelm Leibniz für das Land Niedersachsen hat und honoriert zugleich die Leistungen von Prof. Wenchao Li. „Es freut mich insbesondere auch im Hinblick auf das Leibniz Jubiläumsjahr 2016, dass Prof. Li seine erfolgreiche Arbeit zum Lebenswerk des Universalgelehrten fortsetzen kann", sagt Wissenschaftsministerin Gabriele Heinen-Kljajić.

„Die Leibniz-Stiftungsprofessur hat sich die Aufgabe gestellt, die besondere Verbundenheit von Hochschule und Stadt mit dem Leben und Werk von Leibniz durch wissenschaftliches Arbeiten und öffentlichkeitswirksame Veranstaltungen zum Ausdruck zu bringen und international sichtbar werden zu lassen. Professor Li hat sich, als herausragender Kenner unseres Namenspatrons Leibniz, in den vergangenen Jahren dieses Themas hervorragend angenommen", erklärt Prof. Dr. Volker Epping, Präsident der Leibniz Universität Hannover. „Darüber hinaus gibt es im Präsidium der Universität nach wie vor Überlegungen, eine dauerhafte Stiftungsprofessur zum Thema einzurichten. Aber dafür bedarf es externer finanzieller Unterstützung, das kann die Universität nicht allein bewältigen."

2016 jährt sich der Todestag von Gottfried Wilhelm Leibniz zum 300. Mal. An der Universität und in Stadt, Region und bundesweit wird es deshalb im „Leibniz-Jahr 2016" eine Vielzahl an Veranstaltungen und Aktionen geben. „Das Leibniz-Jahr mit gerade auch für die Öffentlichkeit spannenden Angeboten wird ein besonderes Highlight unserer Stadt. Nicht zuletzt deshalb ist es wichtig, dass wir die Stiftungsprofessur um zwei weitere Jahre verlängern", sagt Oberbürgermeister Stefan Schostok. Im Jahr 2016 wird auch das zehnjährige Jubiläum der Umbenennung von Universität Hannover in Gottfried Wilhelm Leibniz Universität Hannover gefeiert, die seit dem 1. Juli 2006 den Namen des Universalgelehrten trägt.

„Ich freue mich sehr, dass ich dieses besondere Jahr begleiten und mitgestalten kann", sagt Stiftungsprofessor Wenchao Li. „Insbesondere der X. Internationale Leibniz Kongress am 18. Juli 2016 liegt mir am Herzen. Er wird das Wirken des Gelehrten in seinen letzten Lebensjahren in den Mittelpunkt stellen und zeigen, welche Nachwirkungen seine bis in die Gegenwart aktuell gebliebenen Denkansätze bis heute haben."

<u>*Hintergrund*</u>

Gottfried Wilhelm Leibniz lebte von 1646 bis 1716. Die letzten 40 Jahre seines Lebens verbrachte er in Hannover. In dieser Zeit arbeitete er im Dienst des Herzogs und späteren Kurfürsten von Hannover. Leibniz gilt als letzter Universalgelehrter – als Gelehrter, der sich in nahezu allen Fachgebieten bestens auskannte. Leibniz war Mathematiker, Naturwissenschaftler, Philosoph, Theologe, Historiker, Bibliothekar, Diplomat und Ingenieur.

Professor Wenchao Li gilt als ausgewiesener Leibniz-Experte mit internationalem Renommee. Einer seiner Forschungsschwerpunkte sind die Schriften und die Philosophie von Gottfried Wilhelm Leibniz. Li hat Germanistik, Philosophie, Linguistik und Politologie in Xi'an, Peking, Heidelberg und Berlin studiert. Promotion und Habilitation folgten an der FU Berlin. Anschließend war er rund zehn Jahre in Lehre und Forschung an deutschen und chinesischen Universitäten tätig. In der Stadt Hannover ist Li seit nunmehr fünf Jahren unterwegs, um das Bewusstsein für das Werk von Leibniz in der Öffentlichkeit zu stärken – wie zum Beispiel mit Vorträgen zu „Theodizee und Praxis bei Leibniz" sowie „Individuum und Allgemeinwohl – Versuch einer Annäherung an Leibniz' Ethik der aufgeklärten Frömmigkeit" und „Leibniz und China".

Zu seiner Heimat China pflegt Professor Li enge Beziehungen. So ist Li unter anderem Honorarprofessor an der TU Dalian, Ehrendoktor der Leibniz-Forschungsstelle der Universität Wuhan und dort sowie an weiteren chinesischen Universitäten als Gastprofessor tätig. Er ist Mitglied im Leitungskomitee der Weltorganisation Fédération Internationale des Societés de Philosophie (FISP) und Vorsitzender der FISP-Kommission für die Geschichte der Philosophie, ferner gehört er sowohl dem Wissenschaftlichen Beirat der in Hannover ansässigen Gottfried-Wilhelm-Leibniz-Gesellschaft an als auch der Leibniz-Kommission der Chinesischen Akademie der Sozialwissenschaften (Beijing). (1)

Fußnote:
(1) Quelle: Internet, Stichwort „Leibniz-Stiftungsprofessur".

Vier Vorträge zu Leibniz an der Evangelischen Stadtakademie Hannover

Ich zitiere im Folgenden aus der Homepage der Stadtakademie die Titel und Kurzzusammenfassungen von vier Vorträgen, die im Zeitraum 30. Mai bis 13. Juni 2016 stattfanden:

[Erster Vortrag:] *Der Tod des Philosophen – wie starb Leibniz? Referent: Prof. Dr. Thomas Sonar, Braunschweig. Moderation: Martina Trauschke, Hannover. Der wirkmächtigste Bericht des Sterbens von Leibniz hat bewusst Verzeichnungen der Umstände in die Öffentlichkeit gebracht. Sein letzter Sekretär J. G. Eckhart stand unter akutem Schuldendruck und hat um eigener Interessen willen Leibniz bei seinem Landesherrn herabsetzend in ein falsches Licht gestellt. Einen Deutungskrimi, der sich durch die Jahrhunderte zieht, wird Prof. Sonar in seinem Vortrag entwirren.*

68

[Zweiter Vortrag:] *Wenn wir Leibniz begegnet wären ... – Wie er sich gab und wie er wirkte. Von Michael Kempe, Stephan Waldhoff und Eike Christian Hirsch. Leibniz hat einmal in einem Brief geschrieben, wer ihn nur aus seinen gedruckten Schriften kenne, kenne ihn nicht. Gewiss, aber Leibnizforscher wie Professor Kempe und Doktor Waldhoff kennen ihn aus vielen seiner fünfzehntausend Briefe und versuchen hier, ihn uns als Person vor Augen zu stellen. Auch der Leibniz-Biograf Eike Christian Hirsch trägt zum Bild des Gelehrten bei.*

[Dritter Vortrag:] *Leibniz im O-Ton. Aus seinen deutschen Schriften liest Dieter Hufschmidt, Moderation Eike Christian Hirsch. Nur selten hat Leibniz auf Deutsch geschrieben, dann aber sehr gern und in der Hoffnung, eine breite Leserschaft zu finden. Ein Aufruf heißt: „Ermahnung an die Teutsche, ihren verstand und sprache beßer zu üben“, später machte er neue Vorschläge zur „Verbesserung der Teutschen Sprache“. Zu den Kostbarkeiten gehört sein „Hochzeitspräsent“, in dem er Eheleuten rät, wie sie eine gute Ehe führen können, wenn sie gleichberechtigt sind. Wird dieses altertümliche, kraftvolle Deutsch gut vorgelesen, so glaubt man, Leibniz unmittelbar zu begegnen. Und Dieter Hufschmidt kann diese Texte wirklich lebendig werden lassen.*

[Vierter Vortrag:] *Der Unsterbliche – Was macht Leibniz so bedeutend? Man nennt Leibniz den „letzten Universalgelehrten“, was zutrifft, ihn aber auch verkleinert, denn die Fähigkeit, auf allen Gebieten zu forschen, macht noch kein Genie. Wodurch aber wurde er unsterblich? Es war vielleicht seine Gabe, alles im größten Zusammenhang zu sehen und das zusammenzuführen, was getrennt scheint, auch die Natur- und Geisteswissenschaften. Vor allem aber die Materie und den Geist. Professor Hans Poser erläutert seine Sicht und diskutiert darüber mit Eike Christian Hirsch.*

Eine Ausstellung über Leibnizens letztes Lebensjahr

Diese Ausstellung, zu der auch ein Begleitband **(1)** erschienen ist, fand 2016 in der Leibniz-Bibliothek in Hannover statt. Ich zitiere den Klappentext des Begleitbandes:

Das letzte Lebensjahr von Gottfried Wilhelm Leibniz (gest. 14. November 1716) ist nicht gekennzeichnet durch Isolation oder Hinfälligkeit. Im Gegenteil: Noch einmal kulminieren alle lebenslang verfolgten Projekte des Universalgelehrten und Philosophen zum Fortschritt von Wissenschaft und Gesellschaft. Die Kontroverse mit Newton um Mathematik und Metaphysik erreicht ihren Höhepunkt, Leibniz unternimmt eine letzte Anstrengung, um den Bau seiner Rechenmaschine und das Projekt der Welfengeschichte abzuschließen. Ein letztes Mal trifft er sich mit dem russischen Zaren, plant eine weitere Reise zum Kaiser nach Wien und bemüht sich um eine enge Verbindung zwischen Europa, Russland und China. Und noch einmal mobilisiert er für die Realisierung seiner weltumfassenden Pläne ein weit gespanntes Korrespondentennetz, dessen Briefe in der Gottfried Wilhelm Leibniz Bibliothek heute zum UNESCO-Weltdokumentenerbe gehören. Die hier versammelten Aufsätze basieren auf neuen Forschungsergebnissen im Zusammenhang mit der Akademie-Ausgabe der Leibniz-Edition. Der interdisziplinäre Aufsatzband beleuchtet aus unterschiedlichen Perspektiven die vielschichtigen Aktivitäten des späten Leibniz und bietet auf diese Weise einen spannenden Einblick in das letzte Lebensjahr eines bis heute faszinierenden Ausnahmegelehrten.

Thesen über Leibnizens seelische Befindlichkeit – und über seine Bedeutung in der Geschichte der Technik

An das obige Kapitel anknüpfend, möchte ich in diesem Kapitel bestimmte Kritiken des Hannoveraner Leibniz-Forschers Helmut Konietzny an etablierten Forscherkollegen wiedergeben. Dabei kommen Fragen nach der passenden – der „richtigen" – Forschungsmethode und danach, wie man Leibnizens Verdienste als Wissenschaftler in adäquater Weise würdigen sollte, in den Fokus.

(Herr Konietzny möge es mir bitte verzeihen, wenn ich dabei manchen seiner Thesen widerspreche. Aber die Wissenschaft lebt nun mal vom Widerstreit der Meinungen.)

Im Gegensatz zu der Formulierung *„nicht gekennzeichnet durch Isolation oder Hinfälligkeit"* (im obigen Kapitel) ist Konietzny (mit dem ich ausführliche Telefongespräche führte) der Meinung, dass Leibniz in seinem letzten Lebensjahr sehr wohl „isoliert" und „hinfällig" gewesen sei. Kempes Aussage passe nicht zu den Fakten, meint er. Nach der Umsiedlung des Hannoverschen Fürstenhofes nach London (im September 1714, Beginn der Personalunion England-Hannover) habe Leibniz sehr darunter gelitten, dass der Kurfürst ihn nicht mit nach London nahm, sondern ihm praktisch Hausarrest in Hannover verordnete, mit der Auflage, sich auf die Fertigstellung der Welfengeschichte zu konzentrieren.

Konietzny weist auf verschiedene Äußerungen Leibnizens hin (diese zum Teil schon <u>vor</u> der Umsiedlung des Hofes), in denen dieser sich darüber beklagt, dass er in Hannover keine adäquaten Gesprächspartner habe und dass Hannover ihn körperlich und geistig „einenge". <u>(1)</u> Seine Unzufriedenheit und sein Leiden an Hannover kämen auch deutlich zum Ausdruck in seinen ständigen Versuchen (und zwar bis zum Ende seines Lebens), von Hannover wegzukommen und anderswo eine neue Anstellung zu finden. Seine rege wissenschaftliche Korrespondenz dürfe über die Tatsache seiner menschlichen Vereinsamung nicht hinwegtäuschen, meint Konietzny. Sie könne wohl sogar als ein <u>Ausdruck</u> dieser Vereinsamung gedeutet werden. So seien nicht wenige seiner Briefe Bewerbungsbriefe an auswertige Fürstenhöfe.

Sein Arbeitgeber Georg I. von England habe sich – nach seiner Thronbesteigung dort – in dem berühmten Prioritätsstreit Leibniz-Newton ganz auf die Seite Newtons gestellt, um den Engländern zu gefallen. (Von der Sache, um die es ging, habe er „keine Ahnung" gehabt; sie habe ihn nicht interessiert.) Für die Engländer habe Leibniz in der Prioritätssache als Dieb und Betrüger gegolten. Georg habe Leibniz daher nun „fallen gelassen wie eine heiße Kartoffel". Leibniz sei für ihn zu einer *persona non grata* geworden, sei bei ihm „in Ungnade gefallen", sagt Konietzny. Den vernichtenden Angriffen Newtons sei der Philosoph schutzlos ausgeliefert gewesen, denn „alle waren Newton-hörig". Von großem Nachteil sei es für ihn zudem gewesen, dass die Kurfürstin Sophie ihn wegen ihres plötzlichen Todes (der Georgs Thronbesteigung in England ermöglichte) nun nicht mehr protegieren konnte und dass sie ihm als

Freundin und Gesprächspartnerin für philosophische Diskussionen nun nicht mehr zur Verfügung stand.

Die Ungnade, in die der Philosoph gefallen war, habe sich am deutlichsten darin ausgedrückt, dass bei seiner Beerdigung kein Vertreter des Hofes anwesend war. Georg I. selbst, der sich zu jener Zeit in seinem Kurfürstentum aufhielt, zog es vor, in der Göhrde (im Landkreis Lüchow-Dannenberg) auf die Jagd zu gehen.

Weil die führenden Leute in Hannover die Missachtung sahen, in die Leibniz beim König geraten war, beeilten sie sich – so beschreibt es Konietzny –, Leibniz nun ihrerseits zu „schneiden", ihn wie Luft zu behandeln, sich von ihm zu distanzieren – wie das dann halt so ist, wenn die Obrigkeit eine neue Parole verkündet: Die Menschen hängen ihr Mäntelchen nach dem Wind, zeigen keine „Zivilcourage". Der Kult, den die Welt um Newton (auf Kosten Leibnizens) machte, wirkte sich bis nach Hannover aus.

Leibniz sei „am absoluten Tiefpunkt seines Lebens" gewesen, sagt Konietzny und beruft sich dabei auf Veröffentlichungen der Leibniz-Forscher Eike Christian Hirsch und Eberhard Knobloch. Die manchmal zu lesende Formel, Leibniz sei „einsam und verbittert" gestorben, treffe hundertprozentig zu.

Konietzny betont auch sehr die körperliche Unbeweglichkeit, der Leibniz in seinem letzten Lebensjahr, als Folge seiner Gicht-Erkrankung, ausgesetzt war. Professor Kempes Darstellung des bis zuletzt äußerst aktiven und wissenschaftlich produktiven Leibniz sei daher nicht überzeugend.

Die körperliche Unbeweglichkeit habe Leibniz zu einer sitzenden Lebensweise verurteilt und seine Aktivitäten stark eingeschränkt. Seine Glieder seien in den letzten Lebensmonaten von der Gicht „völlig steif" gewesen. Nur mit seinen „letzten Kräften" habe er sich nach Bad Pyrmont „geschleppt", um sich dort mit dem russischen Zaren zu treffen und diesem seine Rechenmaschine zu überreichen.

Kempe beschreibe den Leibniz in seinem letzten Lebensjahr so, als sei er „beweglich wie der junge Elvis Presley" gewesen, spottet Konietzny. „Es fehlte nur die Gitarre".

Aber auch <u>fast die gesamte Zeit</u>, die er in Hannover verbrachte, nämlich 37 von 40 Jahren, sei für den Philosophen frustrierend gewesen; denn zwei von den drei hannoverschen Herzögen, denen er diente, hätten ihn schlecht behandelt.

In der Tat scheint zwischen Leibniz und seinen beiden letzten Dienstherren ein Katz-und-Maus-Spiel geherrscht zu haben. Leibniz wehrte sich nämlich gegen die „schlechte Behandlung" nicht selten durch passiven Widerstand, er machte sich rar, „verkrümelte" sich, praktizierte (in den Augen seiner Chefs) eine laxe Arbeitsmoral, nahm sich Freiheiten heraus, die ihm als Untergebenem eigentlich nicht zustanden, – was dann zu gereizten Reaktionen vor allem bei seinem letzten Dienstherrn Georg Ludwig führte. **(2)**

Konietzny sieht in Georgs I. hartnäckigem Verlangen, dass Leibniz nur noch an der Welfengeschichte arbeiten und sie endlich abschließen solle, sogar eine aus Sadismus sich speisende sinnlose Schikane von Seiten des Königs. Denn, so argumentiert er, die Welfengeschichte sei für Georg doch eigentlich gar nicht mehr wichtig gewesen. Nachdem bereits sein Vater die Kurwürde erlangt habe und er selber zum englischen König aufgestiegen sei, habe er niemanden mehr durch eine prächtige Welfengeschichte beeindrucken müssen, um rangmäßig weiter aufsteigen zu können.

Meiner Ansicht nach ist eine solche Freude am „Piesacken" bei Georg zwar durchaus vorstellbar, ich glaube aber nicht, dass die Welfengeschichte für den König unwichtig geworden war. Mit solch einem Prachtwerk zierte sich jedes Herrscherhaus gerne, und je höher man rangmäßig gestiegen war, desto größeren Wert legte man darauf. Ein hoher Posten verlangte im feudalen Zeitalter einfach nach der entsprechenden Repräsentation. Bei Adligen und Fürsten gehörte ein ausführlicher Stammbaum, dargestellt in Prachtfolianten und wertvollen Urkunden, unbedingt dazu. Je mächtiger das Herrscherhaus, desto höher die Ansprüche und die Verpflichtungen. Und desto wichtiger war es, einen möglichst weit zurückreichenden adeligen Stammbaum und darin möglichst Vorfahren aus Königshäusern nachweisen zu können.

Es ist sicher richtig, dass eine prachtvolle Welfengeschichte für den König, objektiv gesehen, unwichtig geworden war, wie Konietzny sagt. Deswegen kann sie für ihn aber subjektiv durchaus immer noch wichtig gewesen sein, meine ich. Dabei kann auch das Pflichtgefühl, das von seinem Vater Ernst August in Auftrag gegebene Werk zu Ende zu bringen, eine Rolle gespielt haben. Die Welfengeschichte war ja auch insofern sehr wichtig, als sie beim Erwerb des Kurfürstentitels durch das herzogliche Haus Hannover eine Rolle gespielt hatte. Und sie konnte der Welt für alle Zeiten demonstrieren, „was für eine bedeutende Herrscherdynastie wir sind".
(Ich weise darauf hin, dass Stefan Waldhoff in einem Aufsatz in Michael Kempe, Hg., *1716 – Leibniz` letztes Lebensjahr*, Form, Inhalt und das weitere Schicksal von Leibnizens Welfengeschichte ausführlich beschreibt. Siehe zu der Welfengeschichte auch den Aufsatz von Gerd van den Heuvel im selben Band.)

Anzumerken ist zu dem oben vermuteten Sadismus Georg Ludwigs, dass Professor Li bei ihm das Gegenteil von „Freude am Piesacken" sieht:
Nahezu bewundernswert könnte man die jahrzehntelange Geduld und die damit zum Ausdruck kommende Wertschätzung, die Georg Ludwig seinem verdienstvollen, international berühmten und selbst-

bewussten „Bediensteten" Leibniz entgegenbrachte, finden [...].
(Ein Weltbürger und seine Wahlheimat, S. 29)

Ich will hier erwähnen, dass auch der Leibniz-Forscher Thomas Sonar sich stark mit Leibnizens Leiden an und unter seinen Arbeitgebern Ernst August und Georg Ludwig sowie mit seinem Leiden unter der Provinzstadt Hannover beschäftigt hat. (Siehe die Bibliographie)

Konietzny kann auch die Diagnose Professor Kempes, Leibniz sei ein „unverbesserlicher Optimist" gewesen (siehe das Kempe-Interview weiter oben in diesem Buch), nicht nachvollziehen. **(3)** Von den vierzig Jahren, in denen Leibniz drei Herzögen von Hannover diente, seien nur die ersten drei Jahre (unter dem Herzog Johann Friedrich) glücklich gewesen. In den übrigen 37 Jahren habe Leibniz sich unglücklich gefühlt. – Konietzny führt als Belege dafür die folgenden Selbstaussagen Leibnizens an:

Daß ich in Hannover lebe, engt mich körperlich und geistig ein. Hier findet man kaum jemanden, mit dem man sprechen kann – und schon gar nicht über wissenschaftliche Themen. [...] Ohne Kurfürstin Sophie wäre es noch schlimmer. (1696 in einem Brief an Thomas Burnet)
Ich bin nicht gewöhnt, mich gewissen politischen Launen einiger großer Herren zu unterwerfen. **(4)**
Während Europa mir Gerechtigkeit wiederfahren lässt, tut man es hier [= in Hannover] nicht, wo ich das meiste Recht hätte, es zu erwarten. (1714 in einem Brief an Bernstorf)

Über diese Zitate hinaus haben Leibniz-Forscher in der Leibnizschen Korrespondenz mit seinen Arbeitgebern und deren Beamten viele Belege für Spannungen und Konflikte gefunden, vor allem in der Zeit, nachdem Georg Ludwig die Herrschaft angetreten hatte.

Nach Konietznys Ansicht sprechen die oben zitierten klagenden Äußerungen des Philosophen sowie seine ständigen Versuche, von Hannover wegzukommen, sehr dafür, dass er sich in Hannover unglücklich fühlte. Die Herzöge Ernst August und Georg Ludwig hätten seine wissenschaftliche Arbeit – sehr im Gegensatz zu Herzog Johann Friedrich – nicht geachtet, hätten ihn „gemobbt" und kleingehalten.

Er stellt darüber hinaus die steile These auf, Leibniz sei ab dem Tode Johann Friedrichs (1679) als Wissenschaftler „tot" gewesen. Er habe wegen der Unterdrückung durch seine Arbeitgeber und wegen seiner Frustrationsgefühle, die durch die Fesselung an Hannover entstanden, nichts Bedeutendes mehr leisten können. Er legt dabei Wert auf die Feststellung, dass Leibniz die Differential- und Integralrechnung bereits vor dem Tode Johann Friedrichs entwickelt habe. Und sein bedeutendes Werk „De progressione dyadica", das das binäre Zahlensystem vorstellt, sei im Todesjahr des Herzogs erschienen.

Ich meine, dass Konietznys steile These (er versteht sie übrigens nicht als These, sondern als Beschreibung einer Tatsache) möglicherweise einen bestimmten, generellen Sachverhalt – der vielleicht bei der Fülle der Informationen über Leibniz' Leben bislang zu wenig beachtet wurde – einigermaßen korrekt beschreibt. Jedenfalls ist es eine interessante These, und sie sollte diskutiert werden. Sie ist auf jeden Fall insofern nützlich, als sie auf das Faktum aufmerksam macht, dass das Jahr 1679 (Tod des Herzogs Johann Friedrich) einen bedeutsamen Einschnitt in Leibnizens Leben darstellt und dass ab diesem Zeitpunkt das Leben für ihn ärgerlich und voller Probleme war.

Aber auch auf einen bedeutsamen Wechsel in der Art seines wissenschaftlichen Forschens macht Konietznys These aufmerksam, nämlich auf – grob gesehen – den Wechsel von (vorher) mathematisch-naturwissenschaftlichem zu (nachher) metaphysischem Forschen. Konietznys Grundaussage lässt sich wohl folgendermaßen zusammenfassen: Ab 1679 ging es für Leibniz – schicksalsmäßig – bergab; aber es ging auch „mit" ihm bergab, nämlich sein psychisches Wohlbefinden und seine Leistung als Wissenschaftler betreffend.

Offensichtlich kann Konietzny zu seiner These von Leibnizens „Totheit" als Wissenschaftler (ab jenem Zeitpunkt) nur deswegen gelangen, weil er, als gelernter Naturwissenschaftler, nur Leibnizens Leistungen in den sogenannten exakten Wissenschaften, also diejenigen Leistungen, die in der Zukunft große Auswirkungen auf die moderne Technik hatten – sprich: das binäre Zahlensystem und die Differential- bzw. Integralrechnung – für bedeutend hält. Die philosophischen Werke des Universalgelehrten, wie die Theodizee, die Monadenlehre etc., hält er für überholt und heutzutage uninteressant. Dementsprechend interessieren ihn auch nicht die internationalen Leibniz-Kongresse und die dort behandelten Themen. Sie haben seiner Ansicht nach mit dem, was er an Leibniz für wichtig hält, wenig zu tun. (Dort würden z.B. Themen behandelt wie „Holzhandel in der Leibniz-Zeit", spottet er.) Für ihn stehen der Mathematiker Leibniz, seine große Bedeutung für die Entwicklung der Technik und sein Leiden an Hannover und an den Welfen im Mittelpunkt.

Konietznys Auffassung von der wissenschaftlichen „Totheit" Leibnizens nach dem Tod des Herzogs Johann Friedrich wird von vielen Forschern und Denkern – so z.B. von dem bekannten englischen Philosophen und Pazifisten Bertrand Russell **(5)** – offensichtlich nicht geteilt. Man denke auch an die oben erwähnten internationalen

Leibniz-Kongresse – mit einer Fülle von Themen, die an Leibniz-sches Denken anknüpfen – und an die umfangreiche Literatur zu Leibniz (siehe die Bibliographie des hier vorliegenden Buches); ebenfalls an die wissenschaftliche Neugier und den Eifer, mit denen man sich um eine Aufarbeitung des schriftlichen Leibniz-Nachlasses bemüht (siehe das oben zitierte Interview mit Professor Michael Kempe). Der Index der Encyclopaedia Britannica listet in beeindruckender Weise die vielen Forschungsgebiete auf, mit denen Leibniz sich beschäftigte. Siehe zum Forschungsstand auch Jürgen Mittelstraß (Hg.). Siehe auch, wie differenziert Otfried Höffe in seiner „Kleinen Geschichte der Philosophie" (C.H. Beck 2001) sich mit Leibniz befasst.

Ich finde es ziemlich abenteuerlich, wenn Konietzny – als Nicht-Philosoph – sich ein Urteil über den Wert der Leibnizschen Philoso-phie und über die Themen von Leibniz-Kongressen erlaubt. (Der Leser möge sich über diese Themen, mit Hilfe von Internet etc., selbst ein Bild verschaffen, schlage ich vor.)

Um es klar zu sagen: Konietznys These von der angeblichen „Tot-heit" all der Teile von Leibnizens Werk, die über Naturwissenschaft (speziell die Mathematik) hinausgehen, ist absurd.

Ich meine, dass man z.B. Leibnizens Monadenlehre und seine Theodizee nicht so einfach als überholt abtun kann. Die erstere (die die Einzigartigkeit jeder Monade betont) ist meiner Ansicht nach zumindest psychologisch interessant – und im modernen Zeitalter, wo überall der Kollektivismus droht, hochaktuell. Und die Theodi-zee bringt auf jeden Fall bestimmte philosophische Fragen – da-runter nach der Freiheit des menschlichen Willens – auf den Punkt.

Erwähnen möchte ich hier, dass (wie Konietzny mir mitteilte) Leib-nizens Aussage, dass „die Natur keine Sprünge macht", aus der Sicht neuerer physikalischer Erkenntnisse falsch ist. Die moderne Quantenphysik hat nämlich festgestellt, dass Energie auf der feinstofflichen Ebene der Quanten sehr wohl durch „Sprünge" übertragen wird. (Nach Konietznys Ansicht liegt hier der „einzige Fehlschluss" vor, den man Leibniz auf dem Gebiet der exakten Wissenschaften ankreiden kann.)

Konietzny ist auch der Ansicht, dass die von ihm festgestellten verborgenen Seiten des Leibnizschen Lebens – d.h. die vielen Frustrationen, unter denen der Philosoph zu leben hatte, und seine wissenschaftliche „Totheit" ab 1679 – in Hannover zu wenig bekannt sind und dass sie bei den Veranstaltungen des Leibniz-Gedenkjahres 2016 zu wenig thematisiert wurden. Bedeutsame Aspekte der Leibnizschen Biografie kämen somit gar nicht zur Sprache, sagt er.

Konietzny sieht die Charaktere der Herzöge Ernst August und Georg Ludwig sehr negativ, wobei er sich auf deren Beschreibung in Ulrike Weiß` Buch zur Welfengeschichte **(6)** stützt. Ernst August sei notfalls „über Leichen gegangen" (Stichwort Königsmarck-Affäre). Rücksichtslos, mit Hilfe eines Hochverratsprozesses, habe er die Durchsetzung des Erstgeburtsrechts gegenüber seiner Ehefrau und den Kindern durchgesetzt. – Der Kaiser hatte, als Bedingung für die Verleihung der Kurwürde, die Einführung der Primogenitur verlangt, die Kurfürstin dagegen wollte ihre Kinder zu gleichberechtigten Erben machen – was den negativen Effekt einer Zersplitterung der kurfürstlichen Macht gehabt hätte.
Ernst Augusts Oberjägermeister, der sich für das Anliegen der Kurfürstin eingesetzt hatte, wurde in dem Hochverratsprozess zum Tode verurteilt. Die Fürstin selber geriet in die Gefahr, wegen desselben Deliktes verurteilt zu werden.

An Ernst Augusts Moral kritisiert Konietzny weiterhin, dass dieser sich eine „maitresse en titre", die Gräfin Platen, gehalten habe, zumal es sich bei ihr um eine bösartige und äußerst intrigante Person gehandelt habe, eine „gefährliche Schlange". (Gegen eine nette, charakterlich einwandfreie Mätresse hätte man nichts einwenden können, meint er.)

Die Kurfürstin Sophie habe sehr unter dieser illegitimen Beziehung ihres Mannes zu der Gräfin Platen gelitten – und sie habe dann Trost in ihren Gesprächen mit Leibniz gefunden. Das enge (wenn auch nur platonische) Verhältnis seiner Ehefrau zu dem nicht standesgemäßen Philosophen habe dann wiederum den Kurfürsten geärgert und ihn in gewisser Weise auch eifersüchtig gemacht.

Der Nachfolger, Georg Ludwig, sei von seinen Lüsten und Launen gesteuert gewesen; er habe, wie sein Vater, vor allem den Sex und die schönen Frauen im Kopf gehabt – und natürlich Macht und Pracht seines Herrscherhauses. Er sei ständig alkoholisiert gewesen (wenn ja, dann sicherlich nur durch erlesene Weine, also ein „Alkoholmissbrauch" auf hohem Niveau, JGR), habe seine Ehefrau grausam behandelt, habe keinerlei Interesse an der Wissenschaft gehabt (7), habe sich beim Streit zwischen Leibniz und Newton – entgegen den Fakten – auf die Seite des letzteren gestellt, sei als Herrscher und Politiker ein Versager gewesen. So habe er nicht selber mit dem Parlament und den Ministern kommuniziert, sondern dies seinen machtgierigen Mätressen überlassen. Auf den englischen Thron sei er nur durch einen Zufall der Geschichte gelangt. Die Krone sei ihm über seine Mutter – die eigentlich „gemeint" war – in den Schoß gefallen. Die Engländer hätten ihm den Spitznamen „Lucky Georg" (= der vom Glück verwöhnte Georg) verliehen, da er von seinem Vater den Kurfürstentitel erbte und von seiner Mutter das Anrecht auf den englischen Thron.

Eigentlich habe Georg Ludwig doch gar kein Anrecht auf den englischen Thron gehabt, sondern nur seine Mutter, meint Konietzny. Er verkennt damit das Wesen des dynastischen Denkens. Denn das „königliche Blut" hatte seine Mutter ja an ihn weitergegeben. (Übrigens hatte schon ein Vorfahr Georg Ludwigs, Heinrich der Löwe, eine englische Königstochter, Mathilde, geheiratet, worauf Prof. Li in seinem Vortrag des Jahres 2014 hinweist.)

Auch als Familienvater sei Georg Ludwig ein Versager gewesen, teilt Konietzny mit. Zwischen dem König und seinem Kronprinzen, Georg August, fanden in aller Öffentlichkeit heftige Auseinandersetzungen mit verbalen Entgleisungen statt („Ich kann deine Schnauze nicht mehr sehen!" oder Ähnliches). Dabei kam es sogar zu Handgreiflichkeiten zwischen Vater und Sohn.
Für die Hofgesellschaft waren dies teils lächerliche und blamable, teils erschreckende Auftritte. Der Kronprinz warf seinem Vater vor allem vor, dass er ihm die Mutter geraubt habe – durch deren Verbannung als Folge der Königsmarck-Affäre.
Als der König seinen aufmüpfigen Kronprinzen verhaften und einsperren ließ, wies das Parlament ihn darauf hin, dass man in einem Rechtsstaat lebe, und verlangte von ihm, sich an die Gesetze zu halten – mit der Folge, dass der Kronprinz wieder frei kam.

Durch diese Auseinandersetzungen, so Konietzny, sank die Achtung der Engländer vor ihrem König auf den Nullpunkt, was auch verursacht war durch Gerüchte über die schlechte Behandlung, die er gegenüber seiner Ehefrau praktiziert hatte.
Wegen all dieser ihm anhaftenden Fehler sei sogar seine Stellung als König gefährdet gewesen, meint Konietzny. Es habe die Gefahr bestanden, dass er seinen soeben erlangten Thron wieder verlieren würde. (Letzteres drohte übrigens zusätzlich durch jakobitische Re-

bellionen im Lande.) Das Parlament habe ihm schließlich vorgeschrieben, sich politisch nicht mehr zu äußern, sondern „nur noch zu repräsentieren". Er sei als Herrscher und Politiker „kaltgestellt" gewesen, für die Engländer zu einer „Lachnummer" und zum „hässlichsten" ihrer Monarchen geworden. Er wundere sich, dass um diese fragwürdige Herrschergestalt anlässlich des Jubiläums 1714/2014 der Personalunion Hannover-England so viel Aufhebens gemacht wurde. (Hier mangelt es Konietzny meines Erachtens an Sinn für Geschichte.)

Konietznys Sicht auf Leibnizens Leben ist offensichtlich stark bestimmt von Mitgefühl (man kann auch sagen: von Mitleid) mit dessen Schicksal – und von Empörung und Zorn über die angeblich viel zu harte und lieblose Behandlung des Philosophen durch seine Arbeitgeber Ernst August und Georg Ludwig. Er hegt, als begeisterter Leibniz-Forscher (wobei für ihn der Mathematiker Leibniz im Vordergrund steht), für den Universalgelehrten eine große Verehrung und Bewunderung, und er zögert nicht, ihn als den „größten Wissenschaftler aller Zeiten" und somit auch Deutschlands zu bezeichnen – und zwar wegen der ungeheuren Auswirkungen, die die von ihm entwickelte Differentialrechnung und das von ihm erfundene binäre System auf die Entwicklung der modernen Technik und speziell der Computertechnik hatten. Beide gäbe es ohne Leibnizens Erfindungen nicht, behauptet er. Man könne sich unsere heutige Welt ohne diese Entwicklungen gar nicht vorstellen. „Wir leben heute nach dem Takt der Leibnizschen mathematischen Erfindungen" und „unsere Welt tickt nach der Leibnizschen Differential- und Integralrechnung" (und nach dem von Leibniz erfundenen binären Zahlencode), sagt er. Leibniz habe „das wissenschaftliche Gerüst für das 21. Jahrhundert geschaffen". Ja, sogar „unser gesamter heutiger Wohlstand" sei auf die beiden Erfindungen Leibnizens zurückzuführen.

Meines Erachtens kann man den letzteren Aussagen durchaus zustimmen. Ob aber die Bezeichnung Leibnizens als „größter Wissenschaftler aller Zeiten" berechtigt ist, darüber kann man streiten. Denn nach welchen Kriterien soll man das beurteilen? Kann man es nur nach den erwähnten „ungeheuren Auswirkungen" auf die moderne Technik beurteilen? Bejaht man diese Frage, so ist die Bezeichnung gerechtfertigt.

Als empörend, widersinnig und Mitleid erregend empfindet Konietzny es daher, dass dieser bedeutende Gelehrte, dem die Welt so viel zu verdanken habe, zu seinen Lebzeiten von seinen Arbeitgebern verkannt und „gemobbt" wurde – verkannt aber auch von vielen seiner Zeitgenossen (ich zitiere Prof. Li):

Leibniz ist bekanntlich in vielen Punkten gescheitert, aber nicht einfach, weil er vieles gewollt und dafür keine Zeit gehabt habe, wie einer seiner Dienstherren [ihm] vorwarf, sondern weil er mit seinen Ideen, Plänen und Projekten seiner Zeit einschließlich seinem Hof und seinen Dienstherren und Zeitgenossen um Jahrhunderte voraus war. Darin lag sein Problem. (Li, Ein Weltbürger und seine Wahlheimat, S. 27)

Konietzny konkretisiert und erweitert Lis Aussage, indem er – sicher zu recht – feststellt, dass in späteren Jahrhunderten <u>überhaupt erst die technischen Möglichkeiten vorhanden waren</u>, Leibnizens Ideen zu verwirklichen. Er vergleicht dies mit bestimmten Theorien Albert Einsteins, deren Gültigkeit man erst später durch verbesserte Messmethoden nachweisen konnte. (Man befrage Konietzny nach den Details dieser Aussagen. Er ist auskunftsfreudig.)

Auch heute sei vielen die große Bedeutung Leibnizens für die moderne Epoche der Technik noch nicht klar geworden, meint Konietzny. Es herrsche hier viel Nachholbedarf. Das Leibniz-Gedenkjahr 2016 wurde seiner Ansicht nach nur in ungenügender Weise dazu genutzt, Leibnizens immense Bedeutung herauszustellen und im Bewusstsein der breiten Bevölkerung zu verankern. – Bezeichnenderweise sei z.B. das Leibniz-Haus in Hannover ausgerechnet im Leibniz-Gedenkjahr geschlossen gewesen.

Der Universalgelehrte hätte 2016 in den Medien noch stärker thematisiert werden sollen, meint er – z.B. durch einen Spielfilm über sein Leben, der dann in den Hauptprogrammen des Fernsehens hätte gesendet werden sollen. (Bemühungen Konietznys und des Freundeskreises Hannover e.V. in dieser Richtung waren bisher nicht von Erfolg gekrönt. Dem Fernsehsender Phönix z.B. war das finanzielle Risiko zu groß. Auch der Adelsexperte und Dokumentarfilmer Rolf Seelmann-Eggebert erteilte eine Absage.)

Auffällig ist, dass Konietzny nur die Hauptprogramme des Fernsehens und das Medium Film für geeignet ansieht, Leibnizens Ruhm in adäquater Weise in der Bevölkerung zu verbreiten. Dem Medium Radio (es lief z.B. eine dreistündige „Lange Nacht" über Leibniz im Deutschlandfunk) traut er in dieser Hinsicht wenig zu.

Er fühlt sich offensichtlich in Sachen Leibniz wie ein „Rufer in der Wüste". Sogar bei Mathematik- und Technikstudenten sowie Hochschuldozenten sei Leibniz erwiesenermaßen oft „ein Unbekannter", klagt er. Auf die Frage: „Wer war Leibniz?" höre man stets nur die Antwort: „Leibniz ist ein Kekssorte". Schüler hörten im Unterricht etwas über Newtons wissenschaftliche Leistungen, aber nichts über Leibniz.

Ich möchte hierzu anmerken: Bei der heutigen Informationsflut ist es ungeheuer schwierig, mit einer „Botschaft" bei den Menschen durchzudringen, also mit ihr die Aufmerksamkeit der Massen zu erreichen – noch dazu bei solch einem komplexen Thema wie Leibnizens wissenschaftlichen Leistungen. Konietznys Optimismus in

dieser Hinsicht ist bewundernswert, aber wohl auch etwas welt-
fremd.

Klar, man kann stets „noch <u>mehr</u> machen" in Sachen Leibniz – und
sollte es wohl auch; aber man darf hier auch wohl mal resignierend
ausrufen: „Lang (und groß) ist die Wissenschaft, doch kurz ist unser
Leben!". Ich finde, die Stadt Hannover, die Medien und die diversen Institutionen, die sich mit Leibniz beschäftigen, haben zum
Leibniz-Jahr 2016 Beachtliches beigetragen und „auf die Beine gestellt", wie das hier vorliegende Buch zeigt.

Ich weise hier darauf hin, dass die Bedeutung Leibnizens in der
Geschichte der Mathematik von dem Mathematikhistoriker William
Dunham ausführlich behandelt und ins rechte Licht gerückt wird.
<u>(8)</u> Auch der Konflikt mit Newton wird von ihm in optimaler Weise
dargestellt, wobei er klar die Ungerechtigkeit herausstellt, die darin
liegt, dass Newton bis heute bekannter und berühmter als Leibniz
ist – obwohl die Differentialrechnung, die Leibniz entwickelte, der
Newtonschen eindeutig überlegen ist. (Auf Leibnizens Entwicklung
des binären Codes geht Dunham, dessen Buch 1994 erschien, nicht
ein.) – Er schreibt unter anderem:

*Die Zurückverfolgung der Originalmanuskripte zeigt eindeutig, daß
Leibniz, ungeachtet seiner Kontakte zu Newton, die Prinzipien der
Differentialrechnung unabhängig entdeckt hat und mit Recht den
Ruhm der Entdeckung teilt. Und wegen Newtons chronischer Ge-
heimniskrämerei wurde fraglos Leibniz` Veröffentlichung von 1684
zu der Quelle, aus der die gelehrte Welt von dem neuen wundervol-
len Gebiet erfuhr.* (S. 158)

Ein geringfügiges Fehlverhalten sieht Dunham in dem Streit der
beiden Wissenschaftler auch bei Leibniz:

An keiner Stelle [seiner Veröffentlichung von 1684] *erwähnte er, daß er acht Jahre zuvor Manuskripte von Newton gesehen oder mit ihm korrespondiert hatte. Er hat eigentlich Newton überhaupt nicht erwähnt.*

Damit soll nicht gesagt werden, daß Leibniz von Newton abgekupfert hat, wenngleich dies die Position ist, die viele englische Mathematiker vertraten […]. [Aber er hätte …] sein Wissen um die Newtonschen Dokumente durchaus zugeben und die Anerkennung großzügig mit ihm teilen können. Er wußte ohnehin, daß sie auch Newton zukam. Aber auch Leibniz schwieg und ließ die Welt in dem Glauben, er sei der alleinige Entdecker. Diese kleine Unehrlichkeit machte ihm denn auch schwer zu schaffen, als sich die Debatte immer mehr erhitzte. (Dunham, S. 158).

Ich möchte hierzu anmerken, dass Konietzny mir riet, dieses geringfügige Fehlverhalten Leibnizens (wenn es denn eines war!) nicht zu erwähnen. Er meinte, Leute, die das Bestreben hätten, Leibnizens Bedeutung zu „minimieren", würden es sofort zu diesem Zweck verwenden. Eine solche „Zertrümmerung" von Leibnizens „Image" aber müsse man auf jeden Fall zu verhindern suchen. Er hält also – um des höheren Zwecks der Verkündigung von Leibnizens Ruhm willen – viel von Zensur und Informationsselektion.

Erwähnen möchte ich hier noch, dass Leibniz offensichtlich bei der Einfädelung der welfischen Sukzession auf dem englischen Thron eine wichtige Rolle spielte. Konietzny betont dies sehr und lobt (ausnahmsweise einmal) Professor Li, der die Details in einem 2014 gehaltenen Vortrag beschrieben hat. (Titel des Vortrages: „Gottfried Wilhelm Leibniz und die Personalunion". Nachlesbar im Internet) Und er ärgert sich über den Leibniz-Forscher Gerd van den Heuvel (Mitarbeiter Prof. Kempes in der Gottfried Wilhelm Leibniz Bibliothek der Niedersächsischen Landesbibliothek in Hannover, siehe Wikipedia), der diese Rolle in einem Vortrag relativiert hat (er bezeichnete sie als „ambivalent" und nicht bedeutend). Van den Heuvel behaupte sogar, Leibnizens diplomatische Aktivitäten seien ganz generell nutzlos bzw. schädlich gewesen – was unzutreffend sei. Ohne Leibniz' Bemühungen wäre Georg Ludwig gar nicht auf den englischen Thron gekommen, meint Konietzny.

Konietzny kritisiert an van den Heuvel ganz allgemein, dass dieser den Leibniz (unter anderem in einem Aufsatz in dem Band „1716 – Leibniz' letztes Lebensjahr", herausgegeben von Michael Kempe) ständig „beiße", das heißt, ihm permanent was am Zeuge flicke und dadurch seine Bedeutung relativiere. Er unterstellt ihm sogar eine gewisse Schadenfreude in Fällen, wo Leibniz Misserfolge erleiden musste.

Kempe, van den Heuvel und Li sollten doch, so meint er, auf ihren einflussreichen Posten mehr darauf bedacht sein, Leibniz zu propagieren, seine ungeheure Bedeutung in der Wissenschafts- und Technikgeschichte herauszustellen und seine Genialität ins rechte Licht zu rücken. Da sie dies offensichtlich nicht täten (und noch dazu falsche Aussagen über Leibniz machten), seien sie Fehlbesetzungen auf ihren Posten.

Mir scheint, dass Konietzny hier das Wesen einer freien Wissenschaft in einer offenen Gesellschaft verkennt. Die freie Wissenschaft hat nämlich die Aufgabe, die Sachverhalte gründlich und ohne Voreingenommenheit zu erforschen und zu deuten. Dabei dürfen dann auch (zum Beispiel) die Schwachstellen einer Gestalt wie Leibniz zu Sprache kommen, Auffassungen über ihn dürfen relativiert werden etc. Man braucht keine Angst zu haben, dass sein Ruf und seine Bedeutung dadurch unwiderruflich geschädigt werden, meine ich.

Ob die aus den Sachverhalten gezogenen Deutungen sich halten lassen, das muss sich in der freien Diskussion der Leibniz-Forscher und durch die Plausibilität der Argumente ergeben. Das Ganze ist als ein fortlaufender Prozess und Diskurs zu verstehen – und in diesem Prozess sollte die Propaganda (mit ihrem gezielten Verschweigen unbequemer Wahrheiten) keine große Rolle spielen. (Ich verwende das Wort Propaganda neutral, nicht abwertend.)

Wer als Wissenschaftler Thesen aufstellt, die von den Fakten nicht gedeckt sind, wird früher oder später von seinen Forscherkollegen die entsprechende Kritik erhalten und somit abgestraft werden – möglicherweise auch durch einen Knick in seiner Karriere. Insofern findet im Wissenschaftsbetrieb eine interne Selbstregulierung statt.

Ich finde es sympathisch und anerkennenswert, wie Konietzny und der Freundeskreis Hannover e.V. mit heißem Herzen und „wie die Löwen" dafür kämpfen, dass Leibniz die Anerkennung und den Ruhm erhält, die er verdient. Und diese missionarische Vorgehensweise hat, in ihrem Rahmen, ihre Berechtigung. Aber die Forschungsweise von Kempe, Li, van den Heuvel und anderen, die sich um eine vollständige (und weniger propagandistische) Darstellung des Leibnizschen Lebens und Werkes – also einschließlich möglicher Schwachstellen des Universalgelehrten und kontroverser Deutungsmöglichkeiten – bemühen, hat ebenfalls ihre Berechtigung. Und diese Forschungsweise ist ja auch die Regel. Auf ihre Art befördert auch sie den Ruhm des Universalgelehrten. Bedeutende Dinge in der Wissenschaft finden halt oft im stillen Forschungskämmerlein und fern der Öffentlichkeit statt.

In einer freien Gesellschaft aber dürfen Wissenschaft und Propaganda durchaus nebeneinander bestehen. Es darf auch schon mal jemand unbequeme, „steile" Thesen aufstellen; aber er muss es sich gefallen lassen, dass diese dann von seinen Forscherkollegen kritisch unter die Lupe genommen und gegebenenfalls mit überzeugenden Gegenargumenten widerlegt werden.

Aus einer bestimmten Sicht (= dem Streben nach Wahrheit) heraus wäre es meiner Ansicht nach in der Tat wünschenswert (und sympathisch), dass Leibniz-Forscher wie Kempe, Li und van den Heuvel sich auf ihren Posten darum bemühen würden, Leibniz als „den Größten" in der Technikgeschichte darzustellen und zu propagieren – wenn dies die Wahrheit ist! Denn es wäre dann wichtig, dass die Öffentlichkeit diese Wahrheit erführe. Und diese Wahrheit müsste dann unbedingt Teil des Bildungskanons werden.
Ob es aber die Wahrheit ist, diese Frage ist nicht einfach zu beantworten. Da müsste man schon Wissenschafts- und Technikhistoriker zu Rate ziehen. Und es ergeben sich bei dem Bemühen, diese Frage zu beantworten, eine Reihe von methodischen Fragen – Fragen der zu verwendenden Maßstäbe etc. (Es werden hier auch wissenschaftstheoretische Fragen berührt. Siehe die Bücher von Kuhn, Janich, Mittelstraß)
Ich meine, Konietzny kann von Kempe, Li und andern Leibniz-Forschern nicht verlangen, dass sie sich ausschließlich mit der Beschreibung von dessen Leiden unter den Welfenherrschern beschäftigen – und damit, ihn als den Größten aller Zeiten (wegen der Differentialrechnung und des binären Codes) zu propagieren. Denn es gibt in Leibnizens Leben und Werk noch viele andere interessante Dinge zu erforschen.
Als Hochschullehrer und Leibniz-Herausgeber tätige Wissenschaftler haben im Prinzip die Aufgabe, sich mit dem gesamten Lebenswerk Leibnizens zu beschäftigen, also – schlicht ausgedrückt – alles an ihm (und in seinem historischen Umfeld) interessant zu finden. Daher denn auch die erstaunliche Breite der Themen auf den internationalen Leibniz-Kongressen.

Auf Konietzny, der durch sein Studium der Elektrotechnik zum Thema Leibniz gelangte und der mittlerweile Rentner ist (er ist 74 Jahre alt), lastet diese Verpflichtung zu einer umfassenden Beschäftigung mit dem Universalgelehrten nicht. Er kann daher eher als ein Hochschullehrer verkünden, dass ihn Leibnizens Philosophie, seine Metaphysik, seine juristischen Vorschläge etc. nicht interessieren, sondern nur dessen wegweisende Erfindungen im Bereich Mathematik und Technik sowie sein persönliches Schicksal.

Ich finde, es passt nicht recht zusammen, wenn Konietzny sich einerseits als begeisterten Leibniz-Forscher und Leibniz-Fan sieht, andererseits aber gesteht, dass ihn nur bestimmte Aspekte an Leibnizens Leben und Werk interessieren.

Erwähnen möchte ich hier, dass Konietzny als Elektronik-Ingenieur bei VW in Wolfsburg gearbeitet hat und dass er in Hannover mehr als zehn Jahre lang ehrenamtlich Elektronik-Kurse für Kinder und Jugendliche geleitet hat, für die er viel Anerkennung und mehrere Preise erhalten hat. Es ist ihm gelungen, viele junge Menschen für die moderne Elektrotechnik zu begeistern.

Ich habe in Gerd van den Heuvels oben erwähntem Aufsatz in dem Band „1716 – Leibniz' letztes Lebensjahr" nachgeprüft, ob denn Konietznys Kritik an diesem Leibniz-Forscher berechtigt ist. (Das Thema des Aufsatzes lautet: „Leibniz' Verhältnis zum britisch-hannoverschen Hof in seinen letzten beiden Lebensjahren", S. 39-57) Ich kann nicht feststellen, dass van den Heuvel dort den Pfad seriöser Forschung verlassen hat. Er schildert zwar eine bestimmte charakterliche Schwäche Leibnizens – seine chaotische Arbeitsweise, sein Sich-Verzetteln durch die Vielzahl seiner Projekte –, aber man kann meines Erachtens nicht sagen, dass er sich dort mit seinen Deutungen zu weit vorwagt und dass die Aussagen, die er macht, von den Fakten nicht gedeckt wären (siehe Seite 56).

Van den Heuvels Aufsatz ist übrigens eine hervorragende Darstellung von Leibnizens Arbeit an der Welfengeschichte und der Probleme, die dabei auftraten. (Johann Georg Eckhart und andere setzten die Arbeit an der Welfengeschichte nach Leibnizens Tod fort.)

Van den Heuvel krönt seine Beschreibung von Leibnizens sprunghaftem Wesen (seinen ständigen Versuchen, auf mehreren Hochzeiten gleichzeitig zu tanzen) durch einen geistreichen Vergleich mit „Buridans Esel" (der, einem scholastischen Gedankenexperiment zufolge, verhungern musste, weil er sich nicht entscheiden konnte, welchem von zwei gleich großen Heuhaufen er sich zuwenden sollte – siehe Johannes Buridan im Internet):

Die bereits von den Zeitgenossen konstatierte Sprunghaftigkeit und Unstetigkeit des Universalgelehrten erfährt in seinen letzten beiden Jahren noch einmal eine Steigerung, die mehr noch als in den tatsächlichen Ortswechseln in Leibniz` diffusen, schnell wechselnden Plänen für die Gestaltung der verbleibenden Lebenszeit deutlich wird. In der Wahrnehmung der Außenwelt , aber auch im Urteil seines engsten Mitarbeiters [= J.G. Eckhart] waren es nicht die unbestreitbaren Erfolge auf allen wissenschaftlichen Gebieten, sondern die hektische Suche nach immer neuen Tätigkeitsfeldern, welche Leibniz` Persönlichkeit charakterisierten. Von Hannover aus hatte man den Kaiser 1713 davor gewarnt, Leibniz in den Reichshofrat aufzunehmen, „weil er von dem Genie wäre, daß er Alles leisten wolle und deswegen in unendlichen Correspondenzen und Hin- und Wiederreisen seine Lust finde, und seine unersättliche Curiosität zu contentieren [= Neugier zu befriedigen] trachtet, aber entweder kein Talent oder keine Lust hätte, etwas zusammenzubringen und zu endigen." Die Diffamierung des todkranken Leibniz durch seinen Mitarbeiter Eckhart („indem er alles thun und alles in sich mischen will, *kann er nichts zum ende bringen, wenn er auch Engel zu adjutanten hätte")* ist angesichts der konkreten Situation einen Tag vor Leibniz' Tod zu Recht als ebenso gehässig wie eigennützig empfunden worden, beschreibt aber zutreffend das Bild, das Leibniz seiner nächsten Umgebung von sich in seinen letzten beiden Lebensjahren vermittelte. Als Philosoph war Leibniz davon überzeugt, dass nicht alles, was möglich sei, auch verwirklicht werden müsse. Zumindest in seiner politischen Agenda, als Diener mehrerer Herren, suchte er jedoch das Unmögliche zu verwirklichen, wobei er seine Einflussmöglichkeiten maßlos überschätzte, sich mit seinen widersprüchlichen Plänen letztlich selbst blockierte und um die Verwirklichung einzelner konkreter Vorhaben brachte. Auch eine fertiggestellte oder beiseitegelegte Welfengeschichte hätte daran wenig geändert. Die verschiedenen Optionen, mit denen er bis zuletzt spielte, erinnern an das Bild von Buridans Esel, doch im Gegensatz zu diesem schwankt Leibniz nicht zwischen zwei, sondern mindestens zwischen drei „Heuhaufen" (Wien, Paris, London) und „verhungert" am Ende nur deshalb nicht, weil der ungeliebteste, seit Jahrzehnten zur Verfügung stehende „Futtertrog" vor der eigenen Nase (Hannover) ihm letztlich doch am zuverlässigsten seinen Lebensunterhalt sicherte.*

Ich meine, man kann nicht sagen, dass van den Heuvel den Leibniz hier in unfairer, „gemeiner" Weise beschreibt, auch wenn die Beschreibung reichlich spöttisch, vielleicht auch etwas lieblos wirkt. Die Charakterisierung ist erhellend und offensichtlich weitgehend zutreffend, daher ist gegen sie aus wissenschaftlich-methodischer Sicht nichts einzuwenden. Ich finde es auch schön, wenn man beim Lesen eines wissenschaftlichen Aufsatzes mal schmunzeln muss (über Buridans Esel).

Es ist daher nicht gerechtfertigt, von van den Heuvel zu verlangen (wie Konietzny es tut), dass er sich eine solche Beschreibung um des höheren Leibnizschen Ruhmes willen hätte verkneifen sollen. Wissenschaftliche Forschung sollte nicht in tendenziöser Weise selektiv sein.

Denn das wissenschaftliche Ziel muss es doch sein, Leibniz und sein Wirken so vollständig und ungeschminkt wie möglich darzustellen. Man braucht nicht die Angst zu haben, Leibniz werde durch eine kritische Beschreibung „zerschreddert" oder „kaputtgemacht" (wie Konietzny meint). Im Gegenteil: Durch eine vollständige Darstellung kommt er uns auch als Mensch näher. Und sein Ruhm als Gelehrter wird dadurch nicht beeinträchtigt. Denn es ist doch allgemein bekannt und akzeptiert, dass Genies ihre „Macken" haben. Konietzny tut seinem Idol Leibniz meiner Ansicht nach keinen Gefallen, wenn er verlangt, dass man sein Leben und Wirken selektiv beschreiben sollte, um ihn nicht zu „beschädigen".

Van den Heuvels Darstellung liefert uns auch die wichtige Erkenntnis, dass eine sprunghafte, chaotische Arbeitsweise (einerseits) und Kreativität/Produktivität (andererseits) sich nicht gegenseitig ausschließen müssen. Wir sehen: Sprunghaftigkeit kann der Produktivität unter Umständen durchaus förderlich sein. Sie kann in gewissem Ausmaß sogar eine notwendige Vorbedingung und Begleiterscheinung sein.

Man könnte van den Heuvels obige Darstellung höchstens dann kritisieren, wenn J.G. Eckharts Beschreibung der sprunghaften Leibnizschen Arbeitsweise eine böswillige Falschinformation gewesen wäre. Sie war aber zwar „gemein" und unsympathisch, traf aber inhaltlich doch weitgehend zu, wie andere Quellen zu dem Thema mitteilen.

Van den Heuvel liefert am Ende seines Aufsatzes eine erhellende Beschreibung des Wesens der Leibnizschen Welfengeschichte und der gegensätzlichen Vorstellungen, die Autor und Auftraggeber mit ihr verbanden. Diese Gegensätzlichkeit der Konzepte ist zugleich amüsant („zum Lachen") und auch etwas tragisch. Denn hier dachten und agierten die beteiligten Personen offensichtlich ein halbes Menschenleben lang aneinander vorbei:

Das Verhältnis zwischen Leibniz und Georg I. war aber nicht nur aufgrund von Leibniz` Unstetigkeit und seinen vielfältigen Ablenkungen getrübt. Der Konflikt um die Welfengeschichte beruhte auf einem grundsätzlichen, in der Sache begründeten Missverständnis hinsichtlich dieser Auftragsarbeit. In keiner Phase der unerfreulichen, von gegenseitigen Vorwürfen und Verdächtigungen geprägten Auseinandersetzungen zwischen der hannoverschen Regierung und ihrem Geheimen Justizrat [= Leibniz] war letzterer bereit, sich in die Position der Gegenseite zu versetzen, die ein Arbeitsergebnis erwartete, das Leibniz aufgrund seiner weitgefassten Konzeption weder liefern konnte noch wollte. Und auf der anderen Seite finanzierte der hannoversche Hof dreißig Jahre lang die Annalen welfischer Geschichte [= die Welfengeschichte], ohne sich darüber Gedanken zu machen oder zu kontrollieren, ob das, was in Arbeit war, überhaupt dem intendierten Zweck einer publikumswirksamen Veröffentlichung im Prestigewettstreit der deutschen und europäischen Höfe entsprach. Andreas Gottlieb von Bernstorff hatte zwar Teile von Leibniz` Manuskript durchgesehen und in einzelnen Punkten Änderungen verlangt, die Grundkonzeption des Werkes aber nicht in Frage gestellt. Es sollten noch weitere 30 Jahre vergehen, bis die Regierungen in Hannover und Wolfenbüttel nach erneuter Sichtung der von Leibniz hinterlassenen Manuskripte seiner Welfengeschichte endlich konstatierten, „dass eigentlich an Bekanntmachung der Annales Imperii, als einer Reichsgeschichte, dem durchlauchtigsten Gesammthause weniger liege." Das Ergebnis dieses Missverständnisses, die „Ironie der Geschichte", war durchaus fruchtbar: Un-

freiwillig und letztlich durch eigene Nachlässigkeit hatten sich die beiden ersten hannoverschen Kurfürsten [= Ernst August und Georg Ludwig] zu Mäzenen einer Geschichtsforschung gemacht, die ihren Interessen als Auftraggeber kaum entsprach, aber durch die Tiefe der Quellenerschließung und die Weite der Fragestellungen als Meilenstein in der Geschichte der frühneuzeitlichen deutschen Geschichtswissenschaft gelten kann, auch wenn das erhoffte opus magnum letztlich nur Torso blieb. (S. 57)

Die beiden Welfenfürsten stellten sich also eine gezielte Erforschung des Stammbaums ihres Geschlechtes und eine Darstellung der Bedeutung ihrer Dynastie vor, wogegen Leibniz bei seiner Arbeit an der Welfenschichte – sich „verzettelnd" – auch solche Dinge erforschte und beschrieb, die mit der Geschichte der Welfen nur indirekt etwas zu tun hatten, die er aber für wichtig und interessant hielt.

Gegen Kempes oben zitierte Aussage, Leibniz sei bis zuletzt voll aktiv gewesen, ist meines Erachtens wenig einzuwenden. Angesichts von Leibniz` gewaltigem intellektuellem Potenzial, das er in seinem Leben bereits zur Genüge bewiesen hatte, wäre es ja auch unlogisch, anzunehmen, dass seine geistigen Kräfte gegen Ende seines Lebens merklich abgenommen hätten. Nur eine psychische Erkrankung (Depression, Demenz, Paranoia etc.) hätte bei ihm zu einer Abnahme der intellektuellen Leistungskraft führen können.
Es ist zwar bei den Menschen häufig mit zunehmendem Alter ein Abnehmen der geistigen Energie und Leistungsfähigkeit zu beobachten, Leibniz aber war hiervon offensichtlich nicht betroffen.
Inwieweit er <u>körperlich</u> bis zuletzt aktiv war, darüber kann man schon eher streiten.
Man wundert sich, dass Konietzny den Leibniz einerseits für das größte Genie aller Zeiten hält, ihm andererseits aber nicht zutraut,

dass er (nach der Aussage Michael Kempes) bis zuletzt voll aktiv war. Er unterscheidet offensichtlich auch nicht klar genug zwischen körperlicher und geistiger Leistungsfähigkeit. Wer körperlich hinfällig ist, kann intellektuell ohne Beeinträchtigungen sein, wie oft festzustellen ist. Leibniz ist hierfür ein hervorragendes Beispiel.

Nach Wenchao Lis Ansicht ist Hannover (sprich: Leibnizens Leiden an Hannover) durchaus „mit gemeint", wenn der Philosoph am 16. Januar 1712 an den russischen Zaren Peter den Großen schreibt:

„Denn ich nicht von den bin [...,] so auf ihr Vaterland, oder sonst auf eine gewisse Nation, erpicht sind; sondern ich gehe auf den Nutzen des ganzen menschlichen Geschlechts; denn ich halte den Himmel für das Vaterland und alle wohlgesinnten Menschen für dessen Mitbürger, und ist mir lieber bei den Russen viel Gutes auszurichten, als bei den Deutschen oder andern Europäern wenig [...]". Leibniz als Weltbürger! (Ein Weltbürger und seine Wahlheimat, S. 19)

Konietzny findet diese Diagnose Lis (nämlich, Hannover sei „mit gemeint") natürlich richtig. Statt „Weltbürger" hätte Li allerdings besser „Fluchtbürger" schreiben sollen, meint er.

Anzumerken ist hier, dass Leibniz dem Zaren die von ihm entwickelte Rechenmaschine <u>schenken</u> wollte, die damals in der Wissenschaft eine Sensation war, – in der Hoffnung, der Zar werde ihn einladen, nach Russland zu kommen. Allerdings funktionierte die Rechenmaschine wegen bestimmter feinmechanischer Probleme nicht. Ein Techniker, mit dem Leibniz in dieser Sache Kontakt hatte, war nicht imstande, die Fehler zu beheben, berichtete Konietzny mir – und er betonte, dass <u>keine</u> der Rechenmaschinen, die Leibniz im Laufe seines Lebens konstruieren ließ, funktionierte.

(Siehe einen Aufsatz über „Leibniz՝ Bemühungen um Russland" in Michael Kempe, Hg., Leibniz՝ letztes Lebensjahr, S. 203 ff.)

Beispiele für Leibnizens häufige Versuche, von Hannover weg zu kommen, liefert Li – dadurch Konietznys These stützend – im folgenden Zitat:

Man könnte sich vorstellen, dass es ihm hier in der Stadt [= in Hannover] *nicht sonderlich gefiel; und man könnte schon verstehen, dass er auch mal weg wollte, vielleicht von Anfang an.* [„Falsch", meint Konietzny zu der letzteren Formulierung. In den ersten drei Jahren, unter Johann Friedrich, habe Leibniz sich in Hannover sehr wohl gefühlt. JGR] *Bereits Ende 1688 überlegte er sich, als Hofhistoriograph nach Wien zu gehen; nochmals im Jahre 1701 bemühte er sich intensiv um eine Übernahme in den Dienst des Kaisers – Vorbereitungen dafür trifft er zur Tarnung übrigens unter den Decknamen „Walendorp", „Hülsenberg" oder „de la Vallee"; spätestens seit 1702 strebte er einen Dienst im Kurfürstentum Sachsen unter August II. an. Zwischen 1703 und 1705 sondiert er ernsthaft die Möglichkeit, gänzlich in preußische Dienste nach Berlin zu gehen; am Lebensende soll er sich Gedanken darüber gemacht haben, nach Paris auszuwandern bzw. gar ein Landgut in Ungarn zu kaufen.*
Tatsache ist: Dies alles hat er letzten Endes doch nicht getan – Leibniz ist in Hannover geblieben [...] **(9)**

Die hier geschilderten häufigen Fluchtimpulse halten Li jedoch nicht davon ab, die folgende These aufzustellen:

Hannover war der beste Platz für Leibniz – was allerding nicht ausschließt, dass er gern in Paris gelebt hätte oder Georg Ludwig nach London gefolgt wäre. [...] *Kurz: Hannover war für Leibniz nicht ohne Grund der Lebens- und Wirkmittelpunkt.* (Li, ebendort S. 22 und 32)

Die Argumente, die Li für seine These anführt, wirken angesichts des beschriebenen Leibnizschen Leidens an Hannover ziemlich „gewollt" und können meines Erachtens nicht recht überzeugen. Möglicherweise wollte Li den Hannoveranern das gute Gefühl geben, dass ihr berühmtester Bürger – im Großen und Ganzen gesehen – gern in ihrer Stadt lebte.

Konietzny weist (sich auf Leibniz-Biographien stützend) zudem – zu Recht, wie ich meine – darauf hin, dass der Philosoph anscheinend gar nicht von Hannover weg <u>konnte</u>. (Und insofern vermittle das Wort „Wahlheimat" im Titel von Lis Broschüre eine falsche Vorstellung.) Lis Unterstellung, der Philosoph hätte Hannover doch <u>verlassen können, wenn er dies wirklich gewollt hätte</u> (und der Umkehrschluss: <u>weil</u> er in Hannover blieb, <u>wollte</u> er im Grunde dort bleiben), sei falsch. Der hannoversche bzw. englische Hof habe nämlich diplomatische Mittel eingesetzt, um bei den europäischen Fürstenhöfen eine Anstellung Leibnizens zu verhindern. Dessen Bewerbungen seien somit von vornherein zum Scheitern verurteilt gewesen. So erhielt der kaiserliche Hof in Wien einen Brief aus Hannover, in dem vor Leibniz gewarnt wurde (– mit der Behauptung, Leibniz habe eine chaotische Arbeitsweise, sei unzuverlässig, voller Tricks etc.).

Der Leibniz-Forscher Thomas Sonar weist darauf hin, dass Leibnizens Sekretär Johann Georg Eckardt in dieser Hinsicht eine üble Rolle spielte. Eckardt betätigte sich nämlich als Spion Georg Ludwigs im Leibnizschen Hause und meldete all die Dinge nach London, die dazu geeignet waren, den Philosophen in ein schlechtes Licht zu stellen. Konietzny vermutet, dass Eckardt auch die oben genannten Decknamen, die Leibniz verwendete, nach London weitergab, wodurch sie ihren Sinn und Zweck verloren. Das heißt: London konnte die von Leibniz benutzten Pseudonyme den europäischen Fürstenhöfen mitteilen, so dass diese dann wussten, wer sich hinter den Decknamen verbarg.

Li liefert selber Belege für solche diplomatischen Aktivitäten des Welfenhofes:

Als Leibniz 1712 in Wien zum Reichshofrat ernannt werden sollte, soll aus Hannover eine Mahnung nach Wien geschickt worden sein: Man möge den Kaiser warnen, sonst werde es ihm ebenso ergehen wie dem Kurfürsten, wie Leibniz „von dem Genie" sei, „daß er alles leisten wolle, und deswegen immer in unendlichen Korrespondenzen und Hin- und Wiederreisen seine Lust findet und seine unersättliche Kuriosität zu befriedigen trachtet, aber entweder kein Talent oder keine Lust hätte, etwas zusammenzubringen und zu endigen" [... mit Quellenangabe]. Schon knapp 10 Jahre vorher, 1703, klagte Leibnizens oberster Dienstherr, Kurfürst Georg Ludwig, dass Leibniz kaum zur Arbeit erscheine, „obgleich ich ihm eine Wohnung [in der Bibliothek] habe einrichten lassen". „Fragt man ihn, woher es kommt, daß man ihn nicht sieht, so hat er stets zur Entschuldigung, daß er an seinem unsichtbaren Buch arbeitet, [...]" [... mit Quellenangabe] – im Februar 1709 wollte der Dienstherr seinen Bediensteten Leibniz schon durch eine öffentliche Ausschreibung suchen (fahnden) lassen: „Der Kurfürst [...] wolle in den Zeitungen demjenigen, der Leibniz wiederfinde, eine Belohnung aussetzen lassen" (Müller/Krönert, S. 213). **(10)**

Konietzny gerät stets in Zorn, wenn er auf Kempes oben skizzierte Charakterisierungen des Philosophen („bis zuletzt voll aktiv", „unverbesserlicher Optimist") zu sprechen kommt. Er wirft ihm vor, dass er Leibnizens Leben und Charakter falsch, d.h. irreführend, darstelle. Angesichts dieser Fehldeutungen könne er ihn nicht für einen ernst zu nehmende Leibniz-Forscher halten, sagt er. Kempe sei daher auf seinem Posten eine Fehlbesetzung.

Mit Prof. Lis Deutungen des Leibnizschen Lebens ist er teils zufrieden, teils nicht zufrieden. Er kritisiert an Li, dass dieser allzu sehr bestrebt sei, den Hannoveranern die Vorstellung zu vermitteln, Leibniz habe sich in Hannover wohlgefühlt. (Er übt diese Kritik auch an Eike Christian Hirsch.) Im Leibniz-Jahr 2016 hätte Li die ihm zur Verfügung stehenden umfangreichen Forschungsgelder gezielter dafür nutzen sollen, Leibnizens ungeheure Bedeutung für die Entwicklung der modernen Welt auch der breiten Bevölkerung bekannt zu machen, meint er.

Ich möchte zu Konietznys harter Kritik an den etablierten Leibniz-Forschern sagen, dass seine Kritik ihren Grund offensichtlich zum Teil darin hat, dass er als Naturwissenschaftler (er studierte Physik mit dem Schwerpunkt Elektronik) die Einstellung hat, dass wenn eine These richtig ist (und er hält nun mal <u>seine</u> These über Leibniz' Leben und Wirken für richtig), die ihr widersprechende These nur falsch sein kann.

Bei der Beschreibung und Deutung des Leibnizschen Lebens bewegen wir uns jedoch zum Teil auf dem Gebiet der Geisteswissenschaften (Geschichte, Biographie, Psychologie). Auf diesem Gebiet kann mitunter – ja, sogar oft – sowohl das eine wie das andere zutreffend sein, und zwar in unterschiedlichen Graden. Entscheidend sind in den Geisteswissenschaften die Argumente, die zur Stützung der jeweiligen These vorgebracht werden, und wie gewichtig, zahlreich und logisch überzeugend sie sind.

In den Geisteswissenschaften hat halt die Deutung (= Interpretation, Exegese) der Fakten und Daten einen größeren Spielraum als in den Naturwissenschaften. Die Fakten und Daten können insofern auch in unterschiedlicher Weise gedeutet und gewertet werden. (Wie ich mich aus dem Fach Methodenlehre meines Psychologie-Studiums erinnere, wird der Deutungsspielraum, den Wissenschaftler gegenüber den Fakten und Daten haben, als „theoretischer Überhang" bzw. „surplus meaning" bezeichnet. Daher müssen unkonkrete Begriffe wie „narzisstischer Charakter" etc. „operationalisiert", d.h. verhaltensmäßig erfasst werden, um sie – z.B. in Fragebögen – empirisch messbar zu machen.)

Konietzny ist meiner Ansicht nach zu sehr einem Entweder-Oder-Denken (oder Schwarz-Weiß-Denken) verhaftet. Er betont zu sehr die angeblich völlige Unvereinbarkeit bestimmter Dinge in Leibniz' Leben – und bestimmter Aussagen in der Leibniz-Forschung.

Auffällig ist dabei, dass er Worten und Begriffen eine stärkere Aussagekraft zuspricht, als sie sie haben. Er bedenkt nicht, dass sie die Wirklichkeit oft nur unvollkommen wiedergeben und mehr oder weniger nur Deutungsversuche sind (oft mit einer inhärenten propagandistischen Tendenz; man vergleiche den Satz: „Die Türkei ist ein demokratischer Staat").

So ärgert es ihn, wenn jemand es für falsch hält, Leibniz als den „Urvater des Computers" zu bezeichnen – was er, Konietzny, für genau den richtigen Begriff hält. (Siehe Prof. Kempes Verwendung dieses Begriffes in dem oben zitierten BILD-Artikel) Dabei kann doch ein solcher pauschaler Symbolbegriff eigentlich nur der Ausgangspunkt für eine Diskussion darüber sein, inwieweit Leibniz, ganz konkret, für die Entstehung von Computern förderlich bzw. sogar ursächlich war. Denn „Namen sind nur Schall und Rauch", wie der Volksmund sagt. Und mit „Namen" sind auch Begriffe gemeint. *„Schnell fertig ist die Jugend mit dem Wort, / das schwer* *sich handhabt wie des Messers Schneide"*, lässt Friedrich Schiller seinen Wallenstein sagen.

Erwähnen möchte ich hier, dass der Leibniz-Forscher Prof. Erwin Stein Leibniz nicht als den „Urvater des Computers", sondern „nur" als einen „Vordenker" des Computers sieht. – Somit müsste nun, bezogen auf Leibnizens mathematische und technische Erfindungen, diskutiert werden, was einen „Urvater" von einem „Vordenker" unterscheidet. Eine solche Diskussion wird dann leicht zum frustrierenden „Streit um des Kaisers Bart". (Übrigens: Jeder Mensch hat nicht nur <u>einen</u> „Urvater", sondern <u>mehrere</u>.)

Interessant wird die Diskussion aber, wenn jemand kommt und einen andern Anwärter auf den Titel „Urvater" (bzw. „Vordenker") des Computers nennt – vielleicht Konrad Zuse, vielleicht Heinz Nixdorf, vielleicht Robert W. Taylor (siehe Taylor in der Bibliographie). Aber auch die experimentierfreudigen Freaks, die im Silicon Valley den Personal Computer (PC) und dazu passende Softwares entwickelten, sind hier zu nennen. (Siehe den Dokumentarfilm von Ian Tenhaven.)

Dann muss man nämlich darüber diskutieren, was der eine, verglichen mit dem andern, für die Entwicklung des Computers konkret geleistet hat. Und das ist besser als ein Streit um Symbolbegriffe. Es wäre also eine <u>phänomenologische</u> Art der Beschreibung anzustreben. (Zur Geschichte der phänomenologischen Denkrichtung in der Philosophie siehe das fesselnd geschriebene Buch von Sarah Bakewell)

Nebenbei möchte ich hier erwähnen, dass die Digitalisierung unserer Welt (deren „Urvater" Leibniz nach der Ansicht vieler Leute war) mittlerweile auch ihre negativen Seiten zeigt. **(11)** Leibniz hätte uns also durch seine Erfindungen langfristig durchaus auch Probleme „eingebrockt".

Man muss sich meines Erachtens – bei der oben thematisierten Betrachtung des Leibnizschen Seelenlebens – auch fragen, welchen „Stellenwert" die beschriebenen Frustrationen in seinem Denken und Fühlen überhaupt hatten. Es ist nämlich gut vorstellbar, dass er vor lauter Begeisterung an seinen Denkprojekten gar nicht dazu kam, sich mit trübsinnigen Gedanken über seine Lebenssituation zu befassen, beziehungsweise dass er – psychohygienisch – „über" seinen Alltagssorgen stand. Zu 99 Prozent war sein Geist mit Denken und Planen beschäftigt, darf vermutet werden.

Wer ein „Was" hat, für das er lebt und das für ihn „Sinn" macht (bei Leibniz war es die Wissenschaft), der kann unangenehme Arten des „Wie" seines Lebens relativ gelassen akzeptieren, sagt der Psychotherapeut Viktor E. Frankl, Entwickler der Logotherapie (= Sinntherapie), der seine Therapieform aus seinen Erfahrungen in Konzentrationslagern heraus entwickelt hat. **(12)**

Die Unverdrossenheit, mit der Leibniz trotz Niederlagen, Fehlschlägen und Enttäuschungen stets weitermachte, lässt Professor Kempes Diagnose „unverbesserlicher Optimist" nicht ganz falsch erscheinen. Leibniz erinnert insofern etwas an Walt Disneys Pechvogel und Stehaufmännchen Donald Duck und an die Filmkomödienhelden Stan Laurel und Oliver Hardy, die ständig mit Elan und Optimismus in neue Katastrophen hineingeraten.

Die Begeisterung am Denken und Schreiben ließ Leibniz die Widrigkeiten und Ärgernisse, mit denen er sich herumzuschlagen hatte, vergessen beziehungsweise gering achten. Auch dürfte er sich mithilfe seiner Philosophie gegen die Unbilden des Lebens gewappnet haben. Von ihr her (vergleiche seine Theodizee) wusste er nämlich, dass das Böse und das Ärgerliche zentrale Bestandteile des Daseins sind. Mit ihnen muss der Mensch stets rechnen, sie sind „das Normalste von der Welt", wie der Volksmund sagt. Aus dieser Einstellung heraus konnte er die unangenehmen Seiten seines Lebens mit einer „olympischen" Gelassenheit betrachten (olympisch im Sinne von göttlich, abgehoben, überlegen). Diese spricht ja auch aus den historischen Gemälden, auf denen wir ihn betrachten können. (Das bekannteste von ihnen gilt als „Symbol der Gelehrtheit"; siehe Katja Lembke, Hg., S. 285.) – Schon gar nicht ließ er sich durch die Widrigkeiten seines Lebens in depressive Gedanken hineindrängen. **(13)** Die sich stellende Frage, ob Leibniz sich etwa als einen bemitleidenswerten Menschen sah (wegen seiner Leiden an Hannover etc.), kann daher klar verneint werden. Vor lauter Begeisterung an seinen vielen Projekten kam er nicht dazu, sich zu bedauern.

Wir dürfen ja auch nicht vergessen, dass er aus seiner überlegenen Intelligenz und aus seinem Bewusstsein, für die Welt viel Gutes tun zu können, ein großes Selbstbewusstsein schöpfte, das Selbstmitleid und Weinerlichkeit nicht aufkommen ließ.

Wer sich dazu berufen fühlt, Kaiser, Könige und Fürsten zu beraten, die miteinander zerstrittenen Kirchen wieder zu vereinen etc., der muss schon über ein großes Selbst- und Sendungsbewusstsein verfügen, nicht wahr?

So, glaube ich, darf man Leibnizens Umgang mit seinen „Leiden" wohl psychologisch deuten und verstehen. Neben der erwähnten „olympischen" Gelassenheit war er aber auch ein Getriebener – getrieben von seiner Wissbegierde und von seinem Wunsch, etwas zu bewirken und die Welt zu verbessern. Und die Getriebenheit führte zu der von van den Heuvel beschriebenen Sprunghaftigkeit und dem Hin-und-her-gerissen-Sein zwischen mehreren Projekten und Lebensmöglichkeiten.

Ich habe Konietznys kritische Darstellung Ernst Augusts und Georg Ludwigs (er lässt ja nun wirklich kein gutes Haar an ihnen) so wiedergegeben, wie er sie mir gegenüber entfaltet hat, ohne seine Kritikpunkte im einzelnen in der Literatur nachzuprüfen. (Er stützt sich, wie bereits gesagt, vor allem auf Ulrike Weiß` Buch.)

Es ist offensichtlich, dass er die beiden Herrscher ziemlich eindimensional und subjektiv sieht. Das hat zwar den Vorteil, dass die Aufmerksamkeit auf bestimmte Fakten gelenkt wird, die man sonst vielleicht übersehen hätte; aber seine Beschreibung wird der Komplexität dieser historischen Gestalten und dem kulturellen Reichtum jener Epoche nicht gerecht, meine ich. Die beiden Herrscher sollten nicht holzschnittartig als kulturlose Verbrecher hingestellt werden, die Leibniz das Leben schwer machten.

Wir dürfen bei unserer Urteilsbildung ja auch nicht vergessen, dass wir es hier mit einer uns fernliegenden Epoche, dem feudalen Zeitalter, zu tun haben, in dem ganz andere Vorstellungen von einem Herrscher galten als heute, nämlich dass dessen Herrschaft – und vor allem die Herrschaft der Könige – „von Gottes Gnaden" sei (englisch: sacral kingship). **(14)** Zu dieser Herrschaft gehörte es, sich mit bestimmten Zeichen der Macht und erlesenen Kunstwerken zu umgeben, Mätressen zu haben etc. – Das Beste, auch in Sachen Wohnkultur und Kleidung, war „gerade noch gut genug"! (vergleiche ein Bonmot des berühmten Dandys Oscar Wilde) **(15)**

Die vielgestaltige und verfeinerte Kultur der höchsten Gesellschaftskreise jener Epoche, wie sie in der erwähnten Jubiläumsausstellung vorgeführt wurde, ist in der Tat sehr beeindruckend. (Siehe den von Katja Lembke herausgegebenen Prachtband, zugleich Ausstellungskatalog)

Konietzny kritisiert die genannten Fürsten als Individuen. Man muss aber bedenken, dass sie auch <u>Institution</u> waren – mit all dem zeremoniellen und kulturellen Drum und Dran, das wir noch heute an der englischen Monarchie beobachten können. Es kann in der Gegenwart eines Königs sozusagen *per definitionem* nur „vornehm" zugehen – auch wenn der Betreffende charakterliche und sonstige Defizite hat. Das Amt ist mehr als er selber; es hält ihn wie eine stabilisierende Stütze oder Hülle. **(16)**

Mir fehlt bei Konietznys strenger Beurteilung der beiden Welfenfürsten die nüchterne, tolerante, respektvolle, relativierende – oft sogar liebende, faszinierte – Sicht des Historikers, der aus seiner Betrachtung der geschichtlichen Epochen weiß, dass es moralisch erheblich Schlimmeres gibt als jene Barockfürsten. Man denke an die Massenmörder und Volksverführer neuerer Zeit wie Hitler, Mussolini, Lenin, Stalin, Mao.

Aber aus einem streng religiös-moralischen Blickwinkel hat Konietzny natürlich recht. Letztlich entscheidend ist, ob jemand „Mensch" war oder ob er „unmenschlich" handelte. Um diese Frage wird es gehen, wenn die beiden erwähnten Kurfürsten vor ihrem himmlischen Richter stehen. **(17)**

Leibnizens Arbeitgeber Georg Ludwig muss wohl oft hin und hergerissen gewesen sein zwischen einerseits Ärger über ihn und andererseits Stolz auf ihn. Der Ärger über ihn und – nicht zu vergessen! – die Rücksichtnahme des Königs auf die Newton-begeisterten Engländer überwogen zuletzt und führten zu der erwähnten Ungnade plus Hausarrest in Hannover.

Wenchao Li umreißt, in welcher Weise Leibniz für den Welfenherrscher durchaus ein Gegenstand des Stolzes sein konnte:

Der hannoversche Hof hatte allen Grund, Leibniz' Projekte zu eva-luieren [= kritisch zu bewerten, JGR] *und ihm zu kündigen. Die Tatsache war: Dies alles hat man letzten Endes doch nicht getan. 40 Jahre hat Leibniz hier gelebt und gewirkt, drei Fürsten bzw. Kur-fürsten hat er gedient. Wenn er anfangs noch Empfehlungen brauch-*

te, um an die Großen heranzutreten, werden bald fast alle, die in Europa Rang und Namen haben, es als eine Ehre empfinden, mit ihm kommunizieren zu dürfen. Und Leibniz ist ein sich seines internationalen Ruhms, seiner Bedeutung für das Haus Hannover, aber auch seiner wissenschaftlichen Verantwortung bewusster Gelehrter geworden. Als Leibniz 1716 starb, war er Reichshofrat, Berater des Kaisers [... eine Reihe weiterer Titel, Ämter und Funktionen werden genannt, JGR]. *Das Jahreseinkommen betrug nach einer zuverlässigen Berechnung 8000 Gulden, „weit mehr als der bestbezahlte hannoversche Minister" (Finster/Van den Heuvel, S. 49)* **(18)**

Es ist sicherlich angebracht, dass ich dem Leser am Ende dieses Kapitels Leibnizens ersten Arbeitgeber in Hannover, den oben erwähnten Herzog Johann Friedrich, an dessen Hof der Philosoph sich voll in seinem Element fühlte, genauer vorstelle. – Wikipedia schreibt über den Herzog:

Johann Friedrich, *Herzog von Braunschweig-Lüneburg (* 25. April 1625 auf Schloss Herzberg in Herzberg am Harz; † 28. Dezember 1679 in Augsburg) aus dem Haus der Welfen war 1665 für kurze Zeit Fürst von Lüneburg sowie von 1665 bis 1679 Fürst von Calenberg mit der Residenz in Hannover. Er machte Herrenhausen zu seiner Sommerresidenz und holte den Philosophen Gottfried Wilhelm Leibniz sowie Niels Stensen an seinen Hof nach Hannover. Als dritter Sohn von Herzog Georg von Calenberg geboren, unternahm Johann Friedrich zahlreiche Bildungsreisen durch Frankreich und Italien, wo er zuletzt 1651 in Assisi zum Katholizismus übertrat.* **[19]**
Als sein Bruder Christian Ludwig 1665 starb, versuchte er, in einem Handstreich die Regentschaft über das Fürstentum Lüneburg in Celle anzutreten, die eigentlich seinem älteren Bruder Georg Wil-

helm zustand. Nach Verhandlungen, die ein halbes Jahr dauerten, begnügte Johann Friedrich sich mit dem Fürstentum Calenberg, das um Grubenhagen und Göttingen erweitert wurde, und trat 1665 seine Regentschaft in Hannover an.

Er machte 1666 das Dorf Haringehusen unter dem Namen Herrenhausen zu seiner Sommerresidenz, sorgte für einen ersten einfachen Schlossbau und begann mit der Anlage des Großen Gartens. Auch die Anlage des Tiergartens in Kirchrode geht auf seine Initiative zurück. Die Schlosskirche im Leineschloss wurde nach dem römischen Ritus geweiht, und Johann Friedrich holte Kapuziner nach Hannover. 1674 führte er eine Amtsordnung ein, die erst 1808 durch die westphälische Verwaltungsgliederung ersetzt wurde. 1676 berief er den damals erst 30-jährigen Gelehrten und Philosophen Gottfried Wilhelm Leibniz als Hofhistoriographen und Bibliothekar an seinen Hof. Ebenso geht auf ihn die Gründung der späteren Königlichen Bibliothek, der heutigen Gottfried Wilhelm Leibniz Bibliothek, zurück. Seinen aufwändigen Regierungsstil finanzierte Johann Friedrich durch französische Unterstützungsgelder.

Auf dem Weg zu seinem fünften Italien-Aufenthalt starb Johann Friedrich in Augsburg und wurde 1680 in Hannover mit einem pompösen Staatsbegräbnis beigesetzt. Dann trat sein jüngerer Bruder Ernst August die Herrschaft in Hannover an.

Nach dem Zweiten Weltkrieg wurde der Sarkophag von Johann Friedrich vom Leineschloss in das Welfenmuseum im Berggarten von Herrenhausen überführt. (Der Artikel enthält Bilder des Herzogs sowie Literaturangaben. JGR)

Erwähnenswert ist, dass Johann Friedrich – man höre und staune! – vorhatte, seinen Hof (und somit auch die Verwaltung seines Herzogtums) nach Venedig zu verlegen – ein Plan, der zum Zeitpunkt seines Todes kurz vor der Verwirklichung stand.

Der Fürst hatte sich über mehrere Jahre darum bemüht, Leibniz an seinen Hof zu ziehen – was dann schließlich von Erfolg gekrönt war, als Leibniz aus finanziellen Erwägungen eine gut bezahlte Anstellung brauchte.

Leibniz fühlte sich am Hofe Johann Friedrichs glücklich; denn hier konnte er seine berufliche Idealvorstellung, Berater mächtiger Fürsten zu sein, voll verwirklichen. Johann Friedrich achtete und schätzte ihn nämlich sehr, ließ ihm freie Hand in allem, was er plante, und richtete sich nach seinen Ratschlägen.

Konietzny hat sicherlich recht, wenn er betont, dass der plötzliche Tod des Herzogs für den Philosophen eine Katastrophe war. Der Nachfolger, Ernst August, ließ ihn nämlich sofort spüren, dass er sich von nun an mit der Rolle eines Untergebenen und Befehlsempfängers zu begnügen habe. Er habe zum Beispiel sofort dessen Gehalt drastisch herabgesetzt, berichtet Konietzny.

{110}

<u>Fußnoten:</u>

(1) Leibnizens wichtige Gesprächspartnerin Caroline von Ansbach, seit 1705 mit dem Kronprinzen Georg Ludwigs, Georg August, verheiratet, war mit nach London gegangen. Leibniz hatte gehofft, nach einer Übersiedlung nach London seine Gespräche mit ihr fortsetzen zu können und mit englischen Wissenschaftlern – vor allem natürlich mit Newton – in Kontakt zu kommen und wissenschaftliche Diskussionen führen zu können. Caroline hatte sogar geplant, Leibnizens Werk „Theodizee" ins Englische übersetzen zu lassen. Sie nahm von diesem Vorhaben Abstand, weil ihr klar wurde, dass sie sich dadurch die Feindschaft der Newton-Anhänger und des Königs zuziehen würde. Die Newton-Anhänger beherrschten die öffentliche Meinung. Newton, der auch Parlamentsmitglied war, verfügte über viel Macht und Einfluss. An eine gelassene philosophische Diskussion über die „Theodizee" war nicht zu denken – und somit auch nicht an eine Etablierung Leibnizens in London. – Siehe hierzu einen Aufsatz von Monika Meier über Leibniz` Briefwechsel mit Caroline in Michael Kempe (Hg.), 1716 – Leibniz` letztes Lebensjahr, S. 241 ff.

(2) Li und Ruppelt zufolge wurde Leibniz 1685 offiziell die Aufgabe übertragen, *„die Geschichte des Welfenhauses zu erforschen und darzustellen".* Dies *„brachte ihm zwar den Hofratstitel auf Lebenszeit und damit eine dauerhafte finanzielle Grundlage ein, führte aber in den letzten zwanzig Jahren seines Lebens zu ständigen Konflikten mit seinem Dienstherrn."* (HAZ, Nr. 177, 2016, S. 7)

In der Ausstellung im Niedersächsischen Landesmuseum Hannover zum Jubiläum der Personalunion (2014) war Leibnizens Quellensammlung, die in Buchform erschien, zu sehen, mit folgender Erläuterung:

Eines der anspruchsvollsten Projekte Leibniz` war die unvollendet gebliebene Geschichte des Welfenhauses. Ernst August von Braunschweig-Wolfenbüttel hatte ihm 1685 den Auftrag dazu erteilt. Der Herzog wollte die politische Bedeutung seiner Dynastie belegen, um damit seinen Anspruch auf die Kurwürde zu unterstreichen. Leibniz` umfassendes historiographisches Interesse führte zwar zu bedeutenden Quellenfunden, verhinderte aber zugleich den Abschluss des Werkes [im Klartext: durch seine Gewissenhaftigkeit verzettelte er sich, JGR] und brachte ihn in Konflikt mit seinem Dienstherrn. Zu den publizierten Teilergebnissen zählt die *dreibändige Quellensammlung der „Scriptores rerum Brunsvicensium".* (Katja Lembke, Hg., Als die Royals aus Hannover kamen, S. 285. Die Titelseite des Buches ist abgebildet.)

Als Literatur dazu ist angegeben: Horst Eckert, Gottfried Wilhelm Leibniz` Scriptores rerum Brunsvicensium. Entstehung und historiographische Bedeutung. Veröffentlichungen des Leibniz-Archivs 3. Frankfurt a.M. 1971 /// Albert Heinekamp (Hg.), Leibniz als Geschichtsforscher. Studia Leibnitiana, Sonderheft 10, Wiesbaden 1982.

(3) Konietzny wirft Kempe vor, er mache Leibniz zu einem „banalen Optimisten", und gibt Professor Bredekamp recht, der betont, dass Leibniz dies gerade <u>nicht</u> gewesen sei. (Siehe das Kapitel „Drei Leibniz-Forscher im Interview" in diesem Buch). Der Leibnizsche Optimismus sehe das Böse in der Welt durchaus, betrachte es aber philosophisch als eine notwendige Voraussetzung für die menschliche Freiheit.

(4) Zitiert aus der Broschüre „Leibniz und Hannover – dem Universalgenie auf der Spur", herausgegeben von der Stadt Hannover und der Leibniz-Universität, 2008, S. 37. Die Broschüre entstand im Sommersemester 2008 am Historischen Seminar der Universität. Das Zitat findet sich auch, eingemeißelt von dem Künstler Jürgen Beuste, auf einer Granitplatte neben dem Eingang der Gottfried-Wilhelm-Leibniz-Bibliothek.

Konietzny deutet die zitierte Aussage Leibnizens als einen „Schrei zum Himmel" über seine Unterdrückung durch die Obrigkeit, sprich: durch seine welfischen Dienstherren. Ich möchte dazu anmerken, dass man bei der Deutung solcher Zitate vorsichtig sein sollte. Es ist nämlich unklar, wie viel Emotion in dieser Äußerung Leibnizens steckt. Möglicherweise war es eher eine rationale Aussage. Idealerweise hätte man, um sie adäquat deuten zu können, anwesend sein sollen, als Leibniz diesen Ausspruch tat, – um gegebenenfalls nachfragen zu können.

(5) Siehe das Leibniz-Kapitel in Bertrand Russell, Philosophie des Abendlandes. Piper Taschenbuch Nr. 4208, 2004. (Originaltitel: „A History of Western Philosophy", London 1945) Siehe auch Bertrand Russell, Denker des Abendlandes. Eine Geschichte der Philosophie. Bindlach: Gondrom Verlag 1997.

In dem letzteren Werk liefert Russell, der sich gründlich, und zwar in anerkennender Weise, mit Leibnizens Philosophie auseinandersetzt, unter anderem eine hervorragende Zusammenfassung des berühmten wissenschaftlichen Streites zwischen Leibniz und Newton:

1675 begann er [= Leibniz], *wieder in Paris, mit der Arbeit an dem Infinitesimalkalkül* [= der Infinitesimalrechnung, JGR], *den er unabhängig von der ein wenig früheren Arbeit Newtons entdeckte. Leibniz veröffentlichte in den "Acta Eruditorum" von 1684 seine Theorie, die der heutigen Form näher kommt als Newtons Differentialrechnung. Newtons "Principia" erschien drei Jahre später. Es folgte ein langer und unfruchtbarer Streit* [= der berühmte "Prioritätsstreit", JGR], *anstatt die aufgetauchten wissenschaftlichen Fragen zu behandeln, ergriff man aus nationalistischen Gründen Partei. Als Ergebnis davon blieb die englische Mathematik hundert Jahre zurück, da die Leibnizsche Formelschreibung, auch von den Franzosen angenommen, sich als biegsameres Werkzeug der Analyse erwies.* (S. 289 f. – Hervorhebung durch JGR)

Konietzny sagt (zu Recht), Newton sei in maßlose Wut darüber geraten, dass Leibniz in der Entwicklung der Differentialrechnung an ihm „vorbeigezogen" war. (Auch durch die Entwicklung des binären Zahlensystems sei er an ihm „vorbeigezogen". Es ist allerdings unklar, inwieweit Newton dies registriert und für bedeutend erachtet hat.) Er habe Leibniz als Wissenschaftler, „vernichten" wollen – was ihm vorübergehend auch gelang, denn er verfügte über sehr viel Ansehen und Einfluss. Auch eine psychische Vernichtung Leibnizens habe Newton angestrebt. Man blickt hier in die menschlichen Abgründe eines großen Mannes.

Zu erwähnen ist, dass Russell, der 1970 im Alter von 98 Jahren starb, noch nichts von den ungeheuren Auswirkungen wusste, die das von Leibniz begründete binäre Zahlensystem auf die Entwicklung der modernen Computertechnik haben würde.

(6) Ulrike Weiß: Dame, Herzog, Kurfürst, König. Das Haus der hannoverschen Welfen 1636-1866. Erschienen in der Reihe: Schriften des Historischen Museums Hannover. – Weiß` Buch werde „in Hannover ignoriert", behauptet Konietzny. Es ständen zu viele unangenehme Wahrheiten über die Welfen darin, von denen man nichts wissen wolle.

(7) Diese Behauptung kann meines Erachtens nicht ganz stimmen, denn sowohl seine Mutter Sophie als auch seine Schwester Sophie Charlotte, verheiratet mit dem Kurfürsten von Brandenburg (und ersten König „in"

Preußen) waren hochgebildete Frauen. In solch einer Familie war es sicherlich unmöglich, in wissenschaftlichen Dingen völlig ungebildet zu bleiben.

So begründet denn auch Wenchao Li seine These „Hannover war der beste Platz für Leibniz" unter anderem mit dem Argument: *„Man sollte [... auch nicht] vergessen, dass auch Georg Ludwig ein an philosophischen und theologischen bzw. ökumenischen Fragestellungen durchaus interessierter Fürst war."* (Ein Weltbürger und seine Wahlheimat, S. 29)

Dieser Diagnose steht jedoch eine überlieferte Äußerung Georg Ludwigs entgegen: Er bezeichnete Leibnizens wissenschaftliche Forschungen einmal verächtlich als „brotlose Aktivitäten" (zitiert in Eberhard Kernchens Aufsatz „Architekten ..."). Auch soll er einmal aus England den Befehl nach Hannover gesendet haben, Leibniz dürfe sich nur noch mit nützlichen Dingen beschäftigen, wie Konietzny mitteilt.

Unterscheiden muss man nun allerdings zwischen exakten Wissenschaften (wie z.B. Mathematik und Physik) einerseits und den von Li genannten Wissenschaften andererseits (siehe das obige Li-Zitat) An den ersteren hatte Georg Ludwig wohl in der Tat kein Interesse. „Wissenschaft ist hier in Hannover weiblich", soll die Kurfürstin Sophie einmal gesagt haben, womit sie sich selber und ihre Tochter Sophie Charlotte meinte.

Siehe zu Georg Ludwig (= Georg I. von England) auch die einschlägigen Kapitel in meinem Buch „Gestalten der englischen und hannoverschen Geschichte" (Books on Demand 2014). Seine Ehefrau Sophie Dorothea ist als „Prinzessin von Ahlden" und als Ahnfrau mehrerer Fürstenhäuser in die Geschichte eingegangen. Georg hatte sie, zur Strafe für ihren Ehebruch mit dem Grafen Königsmarck, auf das Schloss Ahlden an der Aller verbannt. Die zu Herzen gehende Geschichte ist verschiedentlich von Literaten bearbeitet worden (siehe die Brockhaus Enzyklopädie).

(8) William Dunham: Mathematik von A-Z. Eine alphabetische Tour durch vier Jahrtausende. Aus dem Amerikanischen von Eberhard Schmitt. Basel, Boston, Berlin: Birkhäuser Verlag 1996. (Die Originalausgabe erschien 1994 unter dem Titel „The Mathematical Universe" beim Verlag John Wiley & Sons in New York.)

(9) Wenchao Li, Ein Weltbürger und seine Wahlheimat, S. 20.

(10) Li, Ein Weltbürger und seine Wahlheimat, S. 20.

(11) Aus der Fülle der Literatur, die man hier anführen könnte, will ich nur das Titelthema des Spiegels Nr. 14, 2017, nennen: *Sind wir bereit für die perfekte Zukunft? Was der rasante digitale Fortschritt dem Menschen abverlangt. […] Erstmals fragen sich die Vordenker des Silicon Valley, ob der Fortschritt, den sie schaffen, nur Gutes bewirkt.* (Verfasser: Thomas Schulz, S. 12-21)

(12) Siehe Viktor E. Frankl: Der Mensch auf der Suche nach Sinn. Psychotherapie für den Laien. Gütersloh: Bertelsmann 1971.

(13) Hierzu passt es, dass Leibniz in Wilhelm Lange-Eichbaums und Wolfram Kurths psychiatrischem Standardwerk „Genie, Irrsinn und Ruhm" (München: Ernst Reinhardt Verlag 1979) kaum vorkommt. Mitgeteilt wird nur (die betreffenden drei Zeitschriftenartikel zusammenfassend): *Sparte als Philosoph 6000 Dukaten zusammen […] L. getraute sich wegen seiner Schwerfälligkeit und Ungeübtheit in den Formen der vornehmen Welt nicht, einen Sekretärsposten beim dänischen Minister anzunehmen […] Pedant des Alltags […]* (S. 446, jeweils mit Quellenangabe). Leibniz war also psychiatrisch unauffällig. Aus den zitierten Punkten kann man höchstens auf eine leichte Zwangsneurose und eine gewisse Gehemmtheit und Schüchternheit im Umgang mit Menschen schließen.

(14) Siehe Ronald G. Asch, Sacral Kingship between Disenchantment and Re-enactment. The French and English Monarchies 1587-1688. Berghahn Books 2014.

(15) Das Bonmot lautet: „Ich habe einen ganz einfachen Geschmack – für mich ist das Beste noch gerade gut genug."

(16) Dies alles wird exemplarisch deutlich in der schönen literarischen Erzählung „Des Königs letzte Fahrt" von Karl Lilienthal, abgedruckt in meinem erwähnten Buch „Gestalten …" auf den Seiten 108-114.

(17) Siehe dazu das tiefsinnige Gedicht „Herr Inspektor an der Himmelstür" von Ludwig Sager im Bentheimer Jahrbuch 1970, S. 136. Der Inspektor, der kurz vor seinem Tode noch durch Ehrgeiz, Mühe und Radfahrer-Verhalten (= nach oben katzbuckeln, nach unten treten) den ersehnten Titel „Rat" erhalten hatte (was ihn, bezogen auf „in den Himmel kommen", mit Optimismus erfüllt), muss sich von Sankt Peter sagen lassen:

„Ob Rat, ob Inspektor, du eitler Wicht,
ob Mensch du gewesen, mehr braucht es nicht."

(18) Li, Ein Weltbürger und seine Wahlheimat, S. 21.

(19) Wechsel der Konfession kamen bei den Herrschern des späteren Kurfürstentums Hannover des Öfteren vor. So wird von der Fürstin Elisabeth von Calenberg-Göttingen (auch unter der Bezeichnung Elisabeth von Brandenburg bekannt; sie lebte 1510-1558) Folgendes berichtet:

[Diese ...] *Herzogin von Braunschweig-Lüneburg gilt als die Reformationsfürstin. Als gelehrte Laientheologin und vielseitige Schriftstellerin setzte sie sich in ihren Veröffentlichungen für Luthers Lehre ein und besaß als Landesherrin auch die politische Macht, die Reformation in ihrem Fürstentum durchzusetzen. [...] Mit der von Antonius Corvinus verfassten Calenberger Kirchenordnung legte sie den Grundstein für die spätere hannoversche Landeskirche. [...] Aber* [ihr Sohn] *Erich II. durchkreuzte* [nachdem er an die Macht gekommen war] *die Pläne seiner Mutter. Im Schmalkaldischen Krieg kämpfte er auf kaiserlicher Seite, konvertierte zum Katholizismus und rekatholisierte das Land. [...] Elisabeth löste die Klöster nicht auf, sondern reformierte sie.* (Zitiert aus einer ihr gewidmeten Schautafel der Wanderausstellung „Reformatorinnen seit 1517", zusammengestellt von der Evangelischen Kirche im Rheinland, 2017. Siehe zu der Fürstin auch das Internet.)

Die Leibniz-Gemeinschaft e.V.

Dieser gemeinnützige Verein mit dem vollständigen Titel „Wissenschaftsgemeinschaft Gottfried Wilhelm Leibniz e.V." stellt sich hinten in einem zwölfseitigen Blatt **(1)**, das der Zeitung DIE ZEIT im Juni 2016 beilag, unter der Überschrift *„Die beste aller möglichen Welten"* folgendermaßen vor:

Geforscht wird in Deutschland nicht nur an den Universitäten. So gehören zur Leibniz-Gemeinschaft – der jüngsten der bundesweit vier außeruniversitären Forschungsorganisationen – insgesamt 88 Institute. Der Verbund entstand nach 1990 aus den „Blaue-Liste"-Instituten der alten BRD, den Akademie-Instituten der DDR sowie den acht großen Forschungsmuseen.

Leibniz-Institute werden zu gleichen Anteilen vom Bund und von den Ländern finanziert. Ihre 9300 Wissenschaftlerinnen und Wissenschaftler betreiben erkennntnis- sowie anwendungsorientierte Forschung und arbeiten disziplinübergreifend.

Das verbindet die Leibniz-Gemeinschaft mit ihrem Namenspatron, dem Universalgelehrten Gottfried Wilhelm Leibniz (1646-1716). Der Philosoph, Mathematiker, Jurist, Historiker, Sprachforscher, Diplomat und Politikberater prägte den Satz von der „besten aller möglichen Welten". Sein berühmtes Zitat liefert nun das Motto für „Leibniz 2016", der Jahresfeier zum 370. Geburtstag und 300. Todestag von Leibniz. Er glaubte daran, dass der Mensch die Welt zum Besseren verändern kann, vorausgesetzt, er ist offen für Erkenntnis und Reflexion.

So greifen auch Forscherinnen und Forscher der Leibniz-Gemeinschaft initiativ und selbstbestimmt aktuelle Herausforderungen auf. Sie entwickeln neue Medikamente, Materialien und Technologien, erkunden die Schritte hin zur Energiewende, helfen bei der

Lösung militärischer Konflikte. Sie geben Antworten auf die Euro-Krise, beraten hinsichtlich der Integration von Flüchtlingen und suchen sogar nach außerirdischem Leben. Dies tun sie stets in enger Zusammenarbeit mit den Kollegen der Leibniz-Institute und ihren universitären Partnern im In- und Ausland.
Weitere Informationen zum Leibniz-Jahr 2016, insbesondere einen Kalender mit zahlreichen Veranstaltungen in ganz Deutschland, finden Sie unter: www.bestewelten.de (Es folgt ein Logo, das eine schematisierte Weltkugel, den Satz „die beste der möglichen Welten" und Leibnizens Namenszug enthält. JGR) **(2)**

Zu erwähnen ist, dass die Leibniz-Gemeinschaft ihre Ziele etc. auch in einem von ihr herausgegebenen Flyer beschreibt.

<u>Fußnoten:</u>

(1) Titel des Blattes: *10 Leibniz-Forscher blicken in die Zukunft.* Ich weise darauf hin, dass der Verein eine Zeitschrift mit dem Titel „Leibniz. Das Magazin der Leibniz-Gemeinschaft" herausgibt. Das Abonnement der Zeitschrift ist kostenlos.
(2) Im Impressum des Blattes ist als Herausgeber der genannte Verein angegeben, der die folgende Adresse hat: Chausseestr. 111, 10115 Berlin, Tel. (030) 20 60 49 – 0. Als Homepage ist angegeben: leibniz-gemeinschaft.de. Verlag: TEMPUS CORPORATE GmbH. Ein Unternehmen des ZEIT Verlags, Askanischer Platz 3, 10963 Berlin.

Über die Leibnizsche Rechenmaschine

Nils Schiffhauer berichtet in der FAZ **(1)** über seinen Besuch der Ausstellung *„Bookmarks – Wissenswelten von der Keilschrift bis You Tube"*, die zu Beginn des Jahres 2016 im Gebäude der Kestner-Gesellschaft in Hannover stattfand. Er beschreibt in seinem Artikel die dort ausgestellte Leibnizsche Rechenmaschine – sie war zum ersten Mal von der Leibniz-Bibliothek ausgeliehen worden, bildete als „Inkunabel des Computer-Zeitalters den Mittelpunkt der Ausstellung" – und geht kurz auf die Geschichte solcher Rechenmaschinen ein (ich zitiere die beiden letzten Drittel seines Beitrages):

Schickard landete bei Leibniz

Das [nämlich einen Teil der „Hirnarbeit" zu mechanisieren] *soll Wilhelm Schickard 1623 in Tübingen zuerst gelungen sein, glaubt man seinen Briefen an den Astronomen Johannes Kepler. Zwei eher halbautomatische „Rechenuhren" für die vier Grundrechenarten soll er gebaut haben, beide gingen unter. Ein Teil des Nachlasses von Schickard landete bei Leibniz. Mehr aber noch nährte dessen Begegnung mit dem Rechenautomaten des Blaise Pascal den Verdacht, Leibniz habe abgekupfert. Doch Pascal entwickelte die Maschine für seinen Vater, einen Steuerpächter, und der brauchte das Geld nur zu addieren.*

Pascal hatte immerhin schon den Zehnerübertrag gelöst. In der Theorie allerdings zuverlässiger als in der Praxis. Denn er klagte: „Wenn nur ein Handwerker das Instrument so ausführen könnte, wie ich mir das Modell ausgedacht hatte." Ein Stoßseufzer, der ähnlich spätere Auseinandersetzungen Leibniz` mit den mehr „Bauch und Gurgeln gehörenden Menschen" durchzieht, die er als Mechaniker aus eigener Schatulle engagierte, seine Vier-Spezies-

Rechenmaschine zu bauen. Eine, die also addieren und multiplizieren, subtrahieren und dividieren kann. Dazu übersetzt er die einzelnen Lösungsschritte beim schriftlichen Rechnen systematisch in Mechanik. Multiplizieren ist fortgesetztes Addieren, Dividieren wiederholtes Subtrahieren. Rechnen war somit Zählen.

<u>Niemand musste die Kurbel 375 Mal drehen, um mit 375 malzunehmen</u>

Schrittzähler sollen Leibniz auf das Konstruktionsprinzip seiner Maschine gebracht haben. Sie dienten im ausgehenden 16. Jahrhundert [dazu], Weglängen für Kartierungen zu bestimmen. Um 1670 – Leibniz war 24 Jahre alt, promovierter Jurist und Gerichtsrat – muss er die ersten Ideen zu seiner Rechenmaschine entwickelt haben. Ihr prinzipielles Funktionieren zeigte ein Holzmodell, das er am 1. Februar 1673 im Zentrum der aufklärerischen europäischen Wissenschaft vorführte, in der Royal Society in London, die ihn daraufhin zum Mitglied machte. Im Innern zählten noch Zahnräder mit verstellbarer Anzahl der Zähne, sogenannte Sprossenräder, die er für die kommenden Modelle gegen die von ihm erfundene Staffelwalze austauschte, einem Zylinderrad mit neun Zahnrippen in verschieden gestaffelter Länge. Sie übernimmt im Betrag-Schaltwerk die im Einstellwerk gewählten Ziffern und überträgt sie in das Resultatschaltwerk.

Doch niemand musste die Kurbel 375 Mal drehen, um mit 375 malzunehmen oder durch diesen Wert zu teilen, denn ein Schlitten ist auf die entsprechende Dezimalstelle zu bewegen; aus 375 Umdrehungen werden 3+7+5. Damit alles „mit höchster geschwindigkeit unfehlbar das Facit finde", wie Leibniz 1673 stolz schon vom unvollständigen Modell schreibt, das schließlich in London und Paris „admirirt" (bewundert) worden sei, war noch eine mechanisch zuverlässige Umsetzung des Zehnerbetrages zu erfinden. Hierzu be-

schrieb er ein mechanisches Speicherelement, das die Drehung der Kurbel gezielt verzögert an die Schaltung der Zehnerüberträge weitergab. „Die komplexe Funktion der Rechenmaschine", freut sich Bibliotheksdirektor [Georg] Ruppelt, „werden wir ab März virtuell im Internet zeigen."

Wenn die frühen Rechenmaschinen nicht funktionierten, so hing dies nicht zuletzt damit zusammen, dass die Feinmechanik von Metallen, deren Bearbeitung auf winzige Bruchteile von Millimetern und das Messen minimalster Abstände noch nicht weit genug entwickelt waren.

<u>Fußnote:</u>

<u>(1)</u> Nils Schiffhauer: Leibniz` Rechenmaschine: Ein Uhrahn des Computers. FAZ (Teil „Technik und Motor"), 27. Aug. 2016. – Abgebildet ist ein Detail des Computers, darunter der Text: *Zu große Toleranzen verurteilten den Entwurf von Leibniz zum Scheitern.* – Vorspann des Artikels: *Wir schreiben das Jahr 1685: Der von Gottfried Wilhelm Leibniz konstruierte Uhrahn des Computers beherrschte die vier Grundrechenarten. Jetzt wird er erstmals ausgestellt. Richtig funktionierte erst ein Nachbau von 1988.* – Unter einem abgedruckten Gesamtfoto der Rechenmaschine wird diese als „Rechenknecht" bezeichnet.– Georg Ruppelt ist Direktor der Gottfried-Wilhelm-Leibniz-Bibliothek in Hannover.

Leibniz als Mathematiker, Ingenieur, Erfinder

Unter dem Stichwort „Leibniz-Jahr 2016 in Hannover" sind im Internet – neben zahlreichen weiteren Informationen – die folgenden Kurzbeiträge über den Gelehrten zu finden:

Infinitesimalrechnung

Gottfried Wilhelm Leibniz entwickelte in den siebziger Jahren des 17. Jahrhunderts die Methode der Differenzen. Er verstand eine Kurve als ein Unendlicheck [= Unendlich-Eck, JGR], *so dass eine Tangente letztlich die Kurve in einer unendlich kleinen Strecke schneiden musste. Unter diesem unendlich kleinen Tangentenabschnitt ergibt sich ein infinitesimales Steigungsdreieck, bei dem die Differenzen der Funktionenwerte die Steigung der Tangente bestimmen. Leibniz erkannte auch, dass die Flächenberechnung unter einer Kurve die inverse Operation zur Differenzenbildung ist – mit anderen Worten: die Integralrechnung ist die Umkehrung (wie Minus und Plus) der Differentialrechnung bzw. das Problem der Flächenberechnung ist das inverse Tangentenproblem. Hier bestimmte Leibniz die Fläche unter einer Kurve als Summe unendlich schmaler Rechtecke. Etwa gleichzeitig mit Leibniz entwickelte auch der englische Naturwissenschaftler Sir Isaac Newton ein Prinzip der Infinitesimalrechnung. Heute gelten sowohl Newtons als auch Leibniz' Methode als unabhängig voneinander entwickelt, doch das Leibnizsche Zeichensystem setzte sich wegen seiner eleganten Schreibweise und der einfacheren Rechnungen durch.*

Formel, Kriterium, Reihe, Regel und Gesetz

Zahlreiche mathematische Vorgehensweisen sind nach Leibniz benannt: So gelangte er zur Infinitesimalrechnung durch geometrische Überlegungen und die Berechnung unendlicher Reihen und Folgen. Bei der Beschäftigung mit Reihen entdeckte er das nach ihm benannte Leibniz-Kriterium zur Entscheidung, ob eine alternierende unendliche Reihe konvergiert. Zur Annäherung an die Kreiszahl Pi fand er eine Reihe, die als Leibniz-Reihe bekannt ist. Nach ihm be-

nannt ist außerdem die Leibnizregel für Parameterintegrale. Zur Berechnung von Matrizen und Determinanten steuerte Leibniz die Leibniz-Formel bei. Auf dem Gebiet der Logik wird ihm das Identitätsprinzip als Leibniz-Gesetz zugeschrieben und er führte neue Symbole wie die Mengendiagramme ein.

Barocke Projektmacherei

"Technikutopien und Machbarkeitsphantasien der Frühaufklärung lassen sich nirgendwo deutlicher zeigen als bei Leibniz und seinen Korrespondenten. [...] Gefragt wird nach technischen Umsetzungen, nach Erfindungen, Anwendungsbeschreibungen und Bauanleitungen, nach gelungenen und nicht gelungenen Realisierungen [...]." (Aus der Aufsatzsammlung "Der Philosoph im U-Boot" herausgegeben von Michael Kempe)

So hat sich Leibniz mit der Frage beschäftigt, ob die Lufterneuerung oder Luftreinigung im Inneren eines U-Bootes, das der Holländer Cornelius Drebbel um 1620 entwickelt hatte, durch chemische Mittel bewerkstelligt werden könne. Auch versuchte er ein eigenes Schnellfeuergewehr zu erfinden und zu konstruieren. Beide Projekte gelten als "gutes Beispiel für die Aktivitäten barocker Projektemacherei, deren Kennzeichen es war, sich ständig mit der Ausdehnung der Grenzen des Möglichen zu beschäftigen, auch auf die Gefahr hin, damit in den Bereich des Phantastischen und (noch) Nichtrealisierbaren zu geraten."

Verbesserungen im Bergbau

Leibniz' Überzeugung, dass neue wissenschaftliche Erkenntnisse mit praktischen Erfindungen einhergehen sollten, fand besonders in seinen Bemühungen um technische Verbesserungen im Oberharzer

Bergbau [1] ihren Niederschlag, wie beispielsweise die Entwicklung der Endloskette zur Erzförderung. Leibniz hinterließ darüber hinaus eine Vielzahl von technischen Skizzen mit Entwürfen, die zwar ihre Wurzeln in der praktischen Erfahrung des Bergbaues hatten, die aber großenteils damals nicht zu realisieren waren. Besonders zu erwähnen in diesem Zusammenhang sind zwei Beispiele aus dem (modernen) Bereich der Regelungstechnik, nämlich seine Skizzen zu einer Konstruktion, das senkrechte Flügelkreuz einer Windkunst stets in den Wind zu drehen, sowie seine Konzeption einer Drehzahlregelung oder selbstregulierenden Bremsvorrichtung für eine Vertikalwindkunst.

Wasserspiele in den Herrenhäuser Gärten

Im Großen Garten stellte die Wasserversorgung der zahlreichen Wasserspiele und vor allem der Großen Fontäne im 17. Jahrhundert ein großes Problem dar. Selbst der erfahrene Fontänenmeister Cadart kapitulierte vor dieser Aufgabe. Gottfried Wilhelm Leibniz kam schließlich 1696 auf die Idee, die Leine aufzustauen, eine Verbindung zum Garten zu bauen und den Fall des Flusses für ein Wasserhebewerk zu nutzen. Die Realisierung seiner Pläne erlebte Leibniz nicht mehr, erst zwanzig Jahre nach Leibniz' Tod war der englische Ingenieur Benson auf Basis der Leibnizschen Pläne erfolgreich.

Praktische Erfindungen und Konstruktionen

Leibniz beschäftigte sich u.a. mit der Verbesserung der Technik von Türschlössern, schlug einen selbstschreibenden Windmesser (Anemograph) vor und erfand die Staffelwalze für eine mechanische Rechenmaschine. Ein Artikel zu Leibniz' Rechenmaschine ist hier zu finden.

(Quellen: Historisches Museum Hannover, Gottfried Wilhelm Leibniz Bibliothek, Michael Kempe: Der Philosoph im U-Boot, hannover.de, Wikipedia)

<u>Fußnote:</u>

(1) Zu Leibnizens Forschungen und Verbesserungen im Oberharzer Bergbau hat Prof. Dr. Friedrich-W. Wellmer (gemeinsam mit Co-Autoren) eine Anzahl von Artikeln veröffentlicht. Siehe in der Bibliograpie unter Wellmer.

Die Münderaner Verlegerin Gabrielle Spaeth und ihr Leben für Leibniz und die Literatur

So lautet der Untertitel eines Artikels, verfasst von Christoph Huppert, über die Verlegerin, erschienen im Springer Jahrbuch 2015, S. 133-37. **(1)** Ich zitiere im Folgenden diejenigen Stellen aus dem Aufsatz, die Gebrielle Spaeths Engagement für Leibniz beschreiben:

Das große Lebensthema der 1939 in Hannover geborenen Gabrielle Spaeth […] ist das Universalgenie Gottfried Wilhelm Leibniz. „Warum? Leibniz lebte doch vierzig Jahre in meiner Geburtsstadt", so die Verlegerin. „Ich wuchs im Herzen Hannovers auf und wohnte 1939 bis 1943 zwischen Opern- und Künstlerhaus in der Landschaftsstraße Nr. 2. Wenn ich aus dem Hause trat, erblickte ich das Leibniz-Relief am Künstlerhaus. Zwar wusste ich damals noch nichts über Leibniz, aber diese merkwürdige Gestalt in Stein machte Eindruck auf mich." […]

1985 beschloss Gabrielle Spaeth, Leibniz „für alle zugänglich zu machen". Dessen „Monadologie" hat sie bereits im Alter von 14 Jahren gelesen. „Seitdem bin ich bekennender Leibniz-Fan", lacht sie. Nach dem Konkurs ihres Arbeitgebers, des hannoverschen Schroedel Verlages, wagte sie am 22. Februar den mutigen Schritt in die Selbständigkeit, gründete in Bad Münder die „Leibniz-Bücherwarte" um „mich auch mit dem Namen Leibniz in die `prästabilierte Harmonie` zu begeben." […]

Ihre „Leibniz-Bücherwarte" betrachtet Spaeth […] als „Landeplatz des schönen Buches", „Hafen für Gedankenschiffe" und „Buchbahnhof für Lesereisen".

Immer wieder haben die von ihr herausgegebenen Bücher den Genius Gottfried Wilhelm Leibniz zum Thema. So erwarb die Münderaner Verlegerin etwa 1990 von der Oxford University Press die Lizenz von George McDonald Ross` „Leibniz. Leben und Denken" und entdeckte obendrein mit der Hamburger Barbara Brüning eine Autorin, die in etlichen Schulbuch-Publikationen Kindern den Weg zur Philosophie des großen Denkers geebnet hat. [… Es werden mehrere weitere Bücher genannt, die Gabrielle Spaeth – über das Thema Leibniz hinaus – auf den Markt gebracht hat. JGR]

Wahl-Leipziger [wie drei zuvor genannte Autoren Spaeths] *ist auch der Anglistik-Professor Elmar Schenkel, mit dessen fiktivem Gespräch zwischen Leibniz und dem Erfinder der „Wahrnehmungsfelder", dem Soester Hugo Kükelhaus die agile Münderanerin ein weiteres anspruchsvolles Buch verlegt hat.* [2] *„Schon Mitte des 20. Jahrhunderts hat Kükelhaus vor einer Verlagerung des sinnlichen Erlebens ins Virtuelle gewarnt. Und er hat Recht behalten", so Spaeth, „denn uns erscheint gerade heute im digitalen Zeitalter der Fahrplan meist wichtiger als der Zug selbst." Es gehe im Dialog zwischen Leibniz und Kükelhaus daher um nichts Geringeres als „die Rettung der Sinne".*

Mit „Leibniz und die Rosenkreuzer" soll im gleichen Jahr die allerletzte Publikation von Spaeths „Leibniz Bücherwarte" das Licht der Welt erblicken. „Ich hoffe, dass ich für dieses Thema noch Autoren finde", so die Verlegerin. „Wenn ich das alles unter Dach und Fach habe, dann gebe ich gerne den Verlag und den Löffel ab."

Mit sehr viel Enthusiasmus, Zähigkeit und unter nicht geringen Entbehrungen hat Gabrielle Spaeth, von der lokalen Öffentlichkeit weitgehend unbemerkt, Buch um Buch herausgegeben und ganz wesentlich zum neuen Verständnis ihres großen Vorbilds und damit zur Leibniz-Renaissance beigetragen.

Leibniz und die Literatur haben das Leben der Gabrielle Spaeth bestimmt. „Seine Gedanken sind wie ein Paradiesgarten voller Knospen und blühendem Wachstum, entwickeln immer wieder neue Keime, die gelebt und ausgetragen werden müssen. Der Mensch ist ein Mikrokosmos und trägt in sich ein Geistfunken-Atom", philosophiert Spaeth. „Dieses Geistprinzip ist ein Kraftzentrum, aus dem Neues entsteht." Ihr Credo: „Es ist unser Auftrag, uns des Ursprünglichen bewusst zu werden und darin zu leben. Das Ziel ist es, sich wieder mit dem Geist verbinden zu können. Das ist nur möglich im gelebten Wenigerwerden der Natur. Sie ist eine Karikatur des Ursprünglichen, eine Illusion, in der die Menschen in Ketten gefangen liegen. Das Gute bedingt das Böse, aus Tag wird Nacht, Macht wird Ohnmacht, Leben und Sterben sind Prozesse, die sich immer wiederholen." Für Gabrielle Spaeth gilt es, den Kreislauf der ständigen Wiederholungen zu durchbrechen und neues Leben möglich zu machen. „Das einzig Notwendige ist, im Licht zu stehen und in Liebe und Dienen unseren Urtyp wieder zu beleben und in sein neues Sein zu gehen."

Die Gedanken ihrer Arbeit haben den Namen Bad Münders in die internationale Welt des Buches hinausgetragen und einigen Autoren zu einer Karriere verholfen. Kein Zweifel, mit dieser bewunderns-

werten Lebensleistung ist Gabrielle Spaeth eine der ganz starken Frauen von Bad Münder. (Die Verlegerin ist, mit Verwandten bzw. Bekannten, auf mehreren abgedruckten Fotos zu sehen. JGR)

Gabrielle Spaeth ist – wie ich aus mündlichen Äußerungen von ihr weiß – der Ansicht, dass Leibniz durch die Lehren esoterischer Geheimbünde, darunter der Rosenkreuzer, beeinflusst wurde, auch wenn es dafür, wie sie zugibt, nur wenige Beweise gebe und Leibniz selbst sich hierüber nicht geäußert habe.
Die Brockhaus Enzyklopädie (1968 ff.) bestätigt Spaeths These:

[... Descartes, Comenius] *und noch G.W. Leibniz interessierten sich* [neben weiteren genannten Geistesgrößen, JGR] *für die Lehre der Rosenkreuzer, ohne je an die erfundene Gesellschaft zu glauben. Andreae, dem das Unwesen gefährlich zu werden drohte, distanzierte sich mehrfach von den Rosenkreuzern und veröffentlichte gegen sie seine Schrift `Turris Babel* [... langer Titel]` *(Straßburg 1619). Was mit dem ganzen `Spielwerk` (ludibrium) gemeint war, die Erneuerung der Gesellschaft durch innere Umkehr, verfolgte er nun auf anderen Wegen, zum erstenmal* [... in einem im gleichen Jahr erscheinenden Buch; der Titel wird genannt].

Wie man schon vermuten konnte, leitet sich die Bezeichnung „Rosenkreuzer" von einem Namen ab. Dieser Name lautet Christian Rosenkreuz (oder Rosenkreutz); es handelt sich dabei jedoch überraschenderweise nicht um eine Person, die wirklich gelebt hat, sondern um eine rein literarische Figur. Wikipedia beschreibt die Entstehungsgeschichte und die Zusammenhänge folgendermaßen:

Christian Rosencreutz [... drei weitere Schreibvarianten werden genannt] *ist eine literarische Figur und Schöpfung des evangeli-*

schen Theologen Johann Valentin Andreae. Als literarische Fiktion ist Christian Rosencreutz der Initiator eines – ebenfalls literarischen – Ordens, der zu einer umfassenden Generalreform der Lebensumstände und der Wissenschaften im christlichen Geist inspirieren sollte.

Bereits die meisten Zeitgenossen Andreaes des 17. Jahrhunderts hielten Rosencreutz jedoch irrtümlich für eine historische Person und Stifter des eines ominösen Geheimbundes, in dem man alchimistische und sogar magische Kenntnisse erwerben könne. In diese Tradition stellte sich schließlich im 18. Jahrhundert der Orden der Gold- und Rosenkreuzer, der Christian Rosencreutz nicht mehr als Ordensstifter sah, sondern nur als einen seiner unsichtbaren Oberen in der Vergangenheit, während der Orden als noch wesentlich älter dargestellt wurde. So wurden „Rosenkreuzer" zum ersten Mal sichtbare Personen, nämlich die Mitglieder des Ordens der Gold- und Rosenkreuzer. Die Auffassung von Rosenkreuzern, als einem straff organisierten irdischen Orden, der sich alchimistisch-magisch betätigt, übernahmen 1865 englische Freimaurer und Spiritisten, die die Societas Rosicruciana in Anglia gründeten.

Der Name Christian Rosencreutz wurde zum ersten Mal um 1614 in dem anonymen Werk Allgemeine und General Reformation der gantzen weiten Welt erwähnt. Die Fama Fraternitatis erschien erstmals 1614 bei Wilhelm Wessel in Kassel in einem Sammelband, der weitere Traktate enthielt. Bei diesem Traktat handelt es sich um einen Auszug aus einem Werk des italienischen Satirikers Traiano Boccalini (1556-1613), welches ursprünglich 1612 in Venedig erschien. Die darin enthaltene der Fama Fraternitatis beigegebene deutsche Übersetzung stammt von Wilhelm Bidenbach.

Forschungen legen heute die Vermutung nahe, dass diese Schrift und andere [... es werden zwei Titel als Beispiele genannt, JGR] alle aus einem Tübinger Bekanntenkreis stammen, in dessen Mittel-

punkt der württembergische Theologe Johann Valentin Andreae (1586-1654) stand. Auch 1616, in der Chymischen Hochzeit desselben Autors, nahm Rosencreutz eine zentrale Position ein. Nach diesem Report erfuhr er Prüfungen, Einweihungen, Gefährdungen und wunderbare Errettungen in allegorischen Dichtungen. [3] Schon in den ersten Schriften (frühere Fassungen der Chymischen Hochzeit haben vielleicht schon seit 1604 Verbreitung gefunden) unternahm es Andreae, die esoterische Gemeinschaft durch die Gestalt des legendenumwobenen Rosencreutz zu personifizieren, der seither die Esoteriker beschäftigt. Bald nach der Herausgabe der Aufsehen erregenden Bücher erklärte Andreae, er habe die Gestalt erfunden. Rosencreutz` dargestellte Ansichten stehen in einer Entwicklungslinie des Neuplatonismus, der Kabbala, des Paracelsimus und eines sich aus dem Geist der Mystik erneuernden protestantischen Christentums und weisen satirisch und utopische Merkmale auf. (4)

Andreae habe „seinen Anteil an der Entstehung der Rosenkreuzerlegende, die inzwischen in Europa Furore gemacht hatte, als Jugendsünde gerechtfertigt", schreibt Wikipedia.

Gabrielle Spaeth, die sich zur Weltsicht und Psychologie der Rosenkreuzer bekennt, hält viel von dem oben erwähnten Theologen Andreae. Dieser war in der Tat ein sehr ideenreicher, visionärer Mensch, der wichtige Konzepte für eine Reform von Kirche und Gesellschaft entwickelt hat – von denen leider nur wenige verwirklicht wurden. „Von dem jungen Andreae und seinem Kreis sind die ersten Rosenkreuzerschriften ausgegangen." (Brockhaus Enzyklopädie) „Kirchenhistoriker sehen in ihm einen Vorboten der Aufklärung und Vorläufer des Pietismus." (Wikipedia) (5)
An Spaeths Wohnort Bad Münder und in Hannover (Striehlstr. 29) gibt es Schulungszentren der Rosenkreuzer. (6)

Ob beziehungsweise inwieweit Leibnizens Philosophie von der Rosenkreuzerlehre (und anderen esoterischen Lehren) beeinflusst wurde, bleibt eine offene Frage, zumal solche Einflüsse schwer nachzuweisen sind. Fest steht jedoch, dass Leibniz zu Beginn seiner Laufbahn recht intensiven Kontakt zu Alchimisten hatte und dass er sich in seinem gesamten Leben ein Interesse an der Alchimie bewahrt hat. George MacDonald Ross schreibt dazu in seinem oben erwähnten Buch:

Leibniz` erster Arbeitsplatz war nur ein Notbehelf, den er wahrscheinlich schon innehatte, als er noch Student in Altdorf war. Es handelte sich um den Posten eines Sekretärs bei einer Gesellschaft Nürnberger Intellektueller, die sich für Alchimie interessierten. Die Art seiner Aufgabe ist ungeklärt – in allem, was die Alchimie betraf, hielt Leibniz sich streng an die Tradition der Geheimhaltung. Anders als sein Zeitgenosse Isaac Newton, hat er persönlich wohl niemals wirklich Versuche im Laboratorium durchgeführt – fest steht jedoch, daß er sich den Ruf eines Adepten erwarb, der über ein tiefgehendes theoretisches Wissen in dieser Kunst verfügte. Bis zu seinem Tode bewahrte er sich dieses Interesse an der Alchimie (es war das Thema, über das er mit seinem Arzt auf dem Sterbebett sprach), und regelmäßig unterzog er die Behauptungen verschiedener Alchimisten einer genauen Prüfung. Die Motive, die er dafür angab, waren wissenschaftlicher Natur: wenn die Transmutation sich als durchführbar erweisen sollte, konnten dabei wertvolle Informationen über den Aufbau der Materie gewonnen werden. Zugleich erhoffte er sich jedoch auch, auf diese Weise [d.h. durch das Herstellen von Gold, JGR] zu Reichtum zu kommen. Um 1676 ging er daher einen formellen Gewinnverteilungsvertrag mit zwei praktizierenden Alchimisten ein (G.H. Schuller und J.D. Crafft). Seine Verpflichtung bestand in der Beschaffung von Kapital und in der *technischen Beratung: stets war er nur allzu nachgiebig, wenn ihn jemand um Geld für alchimistische Versuche anging. Das einzige, was er gegen das Goldmachen einzuwenden hatte, war, dass das Gold an Wert verlieren würde, wenn man es derart billig herstellen konnte.*

Welche Beziehungen auch immer er zu den Nürnberger Alchimisten unterhielt – sehr lange blieb er nicht bei ihnen. Irgendwann im Sommer war er wieder unterwegs, in der Absicht, ʼnach Holland und noch weiterʽ zu reisen. Durch Zufall traf er auf Christian von Boineburg, den ehemaligen Staatsminister des Kurfürsten von Mainz, [... Diese Begegnung war für seine weitere Karriere von entscheidender Bedeutung. JGR]. (S. 13 f.)

Fußnoten:

(1) Herausgeber: Förderverein für die Stadtgeschichte von Springe e.V. (1. Vorsitzender: Rolf Brings), Postfach 100 136, 31832 Springe, Tel. 05041-61685. Der erste Titel (= Haupttitel) von Hupperts Artikel lautet: *Ein Hafen für Gedankenschiffe*. So charakterisiert Frau Spaeth ihren Verlag. Sie nennt ihn (wie bereits erwähnt) auch „Landeplatz des schönen Buches" und „Buchbahnhof für Lesereisen". Siehe einen Informations-Flyer des Verlages.

(2) Unter einem in dem Flyer abgedruckten Bild Leibnizens (die bekannte weiße Leibniz-Büste mit kahlem Kopf) finden sich die folgenden Sätze (die offensichtlich die Weltsicht des Universalgelehrten, wie Frau Spaeth sie deutet, wiedergeben): *Wir leben in der besten aller möglichen Welten. Diese Welt akzeptieren, wie sie ist – sie ist eine Notordnung, eine Übungsschule, um die prästabilierte Harmonie wiederherzustellen durch Seelenerneuerung, um mit der umgewandelten Seele die Fensterlosigkeit der Monaden zu begreifen und aus dem ursprünglichen Geistprinzip leben zu können. Nichts ist notwendig, dessen Gegensatz möglich ist.*
Ein weiteres Bild Leibnizens (eine Gemälde) ziert die Titelseite des Flyers. Der Flyer informiert über 16 Bücher, die der Verlag veröffentlicht hat (mit Abbildungen der Cover und den Daten der Bücher), darunter vier von Barbara Brüning verfasste bzw. herausgegebene Bücher. Adresse des Verlages: Robert-Koch-Str. 12, 31848 Bad Münder. Das Logo des Verlages zeigt drei dicht übereinander fliegende Vögel (anscheinend Albatrosse).

(2) Elmar Schenkel: Zahlen und Gärten. Hugo Kükelhaus macht einen Spaziergang mit Leibniz. Bad Münder: Leibniz-Bücherwarte 2012. (Schenkel hat viele Bücher veröffentlicht, siehe buecher.de) – Zu Hugo Kükelhaus (1900-1984) siehe Internet. Er war *„ein deutscher Tischler, Künstler und Pädagoge. Hugo Kükelhaus wurde vor allem durch das von ihm entwickelte Erfahrungsfeld zur Entfaltung der Sinne bekannt. In Publikationen und Vorträgen hat er zeitlebens seine Vorstellungen von einer „menschengemäßen" Lebensumwelt verbreitet. Außerdem gilt er als Wegbereiter für Kleinstkindspielzeug."* (Wikipedia) In Soest gibt es die Hugo-Kükelhaus-Gesellschaft e.V. Zwei Schulen tragen seinen Namen.

(3) Diese Schilderung eines Heldenlebens mit Prüfungen etc. lässt denken an die Fantasy-Literatur des J.R.R. Tolkien (an dessen 125. Geburtstag die Medien am 3. Januar 2017 erinnerten) und an die Bestseller-Romane der englischen Autorin J.K. Rowling mit ihrem Helden Harry Potter. Zu Tolkien siehe (Verfasser: Christoph Kerkmann) *dpa LONDON: Schöpfer der modernen Fantasy-Literatur. Der „Hobbit" und „Der Herr der Ringe" machten ihn berühmt: Vor 125 Jahren wurde J.R.R. Tolkien geboren. […] Das Epos „Der Herr der Ringe" ist auch ein Gleichnis des Kampfes zwischen Diktaturen und der freien Welt.* Grafschafter Nachrichten, 3. Jan. 2017, S. 3 (auf derselben Seite drei weitere Artikel zu dem Thema). Das Grundmuster vieler Heldenleben (den „Monomythos") in Literatur etc. hat der von C.G. Jungs Archetypenlehre beeinflusste Autor Joseph Campbell in seinem Klassiker „The Hero with a Thousand Faces" (deutsch: „Der Heros in tausend Gestalten") aufgezeigt. Siehe auch den tiefschürfenden Essay „Fantasy und Christentum – Zum 125. Geburtstag von J.R.R. Tolkien" von Michael Blume in der Sendung „Am Sonntagmorgen" des Deutschlandfunks am 22. Jan. 2017. – Der französische Philosoph Tzvetan Todorov, der am 7. Febr. 2017 mit 77 Jahren starb „machte sich zunächst einen Namen mit Essays über die Gattung der fantastischen Literatur". (Grafschafter Nachrichten, 8. Febr.)

(4) Wikipedia, 8. Juli 2016. Fußnoten habe ich weggelassen. Der Beitrag enthält mehrere Literaturangaben.

(5) Siehe zu Andreae einen ausführlichen Aufsatz von Martin Brecht in Martin Greschat (Hg.), Gestalten der Kirchengeschichte, Band 7 („Orthodoxie und Pietismus"), S. 121-135. Kohlhammer Verlag 2. Auflage 1994.

(6) Zu den Rosenkreuzern siehe E.R. Carmin: Das schwarze Reich. Geheimgesellschaften. Templerorden, Thule-Gesellschaft, Das Dritte Reich, CIA. Hamburg: Nikol Gesellschaft 2005. Ebenfalls Will-Erich Peuckert: Geheimkulte. Das Standardwerk. Nikol Verlag 2005. (Der Name Leibniz kommt in diesen Büchern <u>nicht</u> vor.) Siehe auch das ausführliche Stichwort „Rosenkreuzer" in Jürgen Mittelstraß (Hg.), Enzyklopädie Philosophie und Wissenschaftstheorie. Verlag J.B. Metzler 2004. (Mit vielen Literaturangaben) Margherita Palumbo teilt in ihrem Aufsatz „Leibniz` letzte Anschaffungen für seine Privatbibliothek" (in Michael Kempe, Hg., 1716 – Leibniz` letztes Lebensjahr, S. 59 ff.) mit, dass sich darunter ein Band mit einer Sammlung von Rosenkreuzer-Schriften befand.

Leibniz-Büste und Theaterführung in der Marienburg

Die HAZ teilte im September 2016 **(1)** Folgendes mit:

Der große Geist ist in guter Gesellschaft. Schließlich sind Händel, Goethe und Schiller schon da. Und an Büchern hatte er immer schon seine helle Freude. <u>*Ernst August Erbprinz von Hannover*</u> *[junior] hat jetzt in der Bibliothek der Marienburg eine Büste von Gottfried Wilhelm Leibniz enthüllt. Dabei gestand der Hausherr seine Bewunderung für den Universalgelehrten: „Seine Intelligenz hätte ich gern."*
Die Büste geht auf eine Form zurück, die der hannoversche Bildhauer Johann Gottfried Schmidt 1788 schuf. Dieser produzierte damals nach einem alten Stich im großen Stil Leibniz-Büsten – sie zeigten das Genie ohne Perücke und im Gewand eines antiken Philosophen. Der Leibniz-Experte Erwin Stein bekam 2001 von der Leibniz-Bibliothek, die ein erhaltenes Exemplar hütet, die Erlaubnis, Abgüsse machen zu lassen. Den letzten von insgesamt sechs hat jetzt die Marienburg erworben.
„Leibniz kehrt damit heim zu den Welfen", sagte der Publizist <u>*Eike Christian Hirsch*</u> *bei der Enthüllung der Büste. In der Vergangenheit sei man teils zu Unrecht davon ausgegangen, dass der Großgelehrte von seinen aristokratischen Arbeitgebern allerlei Ungemach zu erdulden gehabt habe: „Er wurde jedoch gut behandelt", sagt Hirsch. Obwohl Leibniz die versprochene Geschichte des Welfenhauses nie ablieferte, sei Kurfürst Georg Ludwig ausgesprochen nachsichtig mit ihm gewesen. „Er war mit seinen Recherchen selbst nicht zufrieden -- dabei waren Historiker später überrascht, wie viel er herausgefunden hatte", sagt auch Ernst August.*
Leibniz war als Bibliothekar bei den Welfen angestellt: „Doch das war diesem klugen und wachen Geist wohl nicht genug", sagt der Erbprinz. Daher habe der Gelehrte sich auch um den Harzer Bergbau und die Konstruktion einer Rechenmaschine gekümmert. Und er schrieb sich 390 Briefe mit der geistvollen Kurfürstin Sophie.

Deren Inhalte sind auch in die Theaterführung „Wenn die Sophie mit dem Genie ..." eingegangen, die jetzt auf der Marienburg zu sehen ist. Darin führen die Schauspieler <u>Jan Kristof Schliep</u> (bislang am Theater für Niedersachsen) und <u>Tatjana Pohl</u> die Besucher in die Zeit des barocken Fürstenhofes.

Anzumerken ist hier, dass nach Ansicht mancher Leibniz-Forscher der Gelehrte von seinen Arbeitgebern <u>sehr wohl</u> „allerlei Ungemach zu erdulden" hatte. Die Aussage, Leibniz habe sich -- aus geistiger Unterforderung als Bibliothekar -- dann noch um den Harzer Bergbau und um die Konstruktion einer Rechenmaschine gekümmert, ist ein schönes Beispiel für „Understatement".

Über den oben erwähnten Erbprinzen Ernst August (junior) von Hannover wird im Internet (23. September 2016) Folgendes mitgeteilt:

Ernst August von Hannover (33), Welfenprinz, will im nächsten Sommer in Niedersachsen seine Hochzeit feiern. Die Auserwählte heißt Ekatarina Malysheva, ist 30 Jahre alt und Modedesignerin. „Das Paar verlobte sich vor ein paar Tagen in Griechenland. Dort verbrachten die beiden im Kreise der Familie und Geschwister des Prinzen die Sommerferien", heißt es in einer Mitteilung des Hauses Hannover. Beide Familien seien überglücklich. Die Frischverlobten kennen sich demnach seit mehreren Jahren und leben seit einem halben Jahr gemeinsam in London. Malysheva stammt aus Russland, wuchs aber in Prag auf.
Ernst August junior ist Chef von Schloss Marienburg südlich von Hannover. Vor rund zwölf Jahren übernahm er die Besitztümer von seinem gleichnamigen Vater. Wie die „Bild"-Zeitung am Montag berichtete, spricht einiges dafür, dass der 33-Jährige im eigenen Schloss heiraten wird. Dort feierten schon seine Eltern Ernst August und Chantal Hochuli ihre Trauung. Deren Ehe wurde geschieden, 1999

heiratete Ernst August senior Caroline von Monaco. […] Der junge Ernst August hält sich seit einiger Zeit häufig in Niedersachsen auf.

<u>Fußnote:</u>

<u>(1)</u> Simon Benne: Ein kluger Kopf kehrt heim. Auf der Marienburg erinnert jetzt eine Leibniz-Büste an Hannovers größten Gelehrten. HAZ, Nr. 215, 2016, S. 15. Ernst August junior hat in New York Ökonomie und Finanzwissenschaft studiert und danach in London gearbeitet. Er hat einen Platz in der englischen Thronfolge. Da er Nachfahre zweier Könige von Hannover und einer Reihe britischer Könige ist, kann er sich offiziell als „Königliche Hoheit" anreden lassen. (Siehe auch die Stichwörter Welfenhaus und monarchistundlegitimist.de im Internet)

Der Schriftsteller Daniel Kehlmann im Interview

Kehlmann sagte in seinem HAZ-Interview **<u>(1)</u>** unter anderem Folgendes:

Ich habe mich früher viel mit Leibniz beschäftigt, er war ein Schwerpunkt meines Philosophiestudiums. Ich habe damals seine „Theodizee" ganz gelesen und war verblüfft, wie oft diesem Buch Unrecht getan wird. Man kennt ja eigentlich nur die Karikatur, die Voltaire davon gezeichnet hat – aber es ist ein tiefes und komplexes Werk über die Natur des Bösen, oder eigentlich: über die Frage, warum alles in der Welt so unzureichend ist. Leibniz' große Frage ist, wie man mit dem Unzureichenden auskommt. […]
[Frage:] ***Haben Sie jemals überlegt, Leibniz zur Figur einer fiktionalen Geschichte zu machen?***
Nein, das habe ich nicht. Natürlich könnte man das, aber das wäre zu nahe an meiner „Vermessung der Welt", daher verbietet es sich für mich von vorneherein. Was in Deutschland übrigens kaum bekannt ist: Leibniz ist eine wichtige Figur in Neal Stephensons dreibändigem „Barock-Zyklus". Sehr lesenswert. wenn man enorm lange Bücher mag!

[Frage:] *__Was spricht dafür, Leibniz zur literarischen Figur zu machen, was dagegen?__*

Nun, grundsätzlich – also nicht für mich, sondern im Allgemeinen –, dafür spräche die unglaubliche Vielseitigkeit dieses Mannes, der aber auch etwas Gebrochenes hat, etwas Getriebenes und Manisches. Er lebte in ständiger Sorge, die Autoritäten könnten ihn nicht genug schätzen. Er ist der große Advokat der Macht – jeder Macht, bis hin zur „Theodizee", in der er sich selbst zum Advokaten Gottes ernennt. Dagegen spricht – nun ja, eigentlich nur der Umstand, dass seine Ideen doch immer noch interessanter sind als jede Geschichte über ihn. Es ist doch am besten, immer wieder die „Monadologie" zu lesen, diese Vision einer bis ins Unendliche gefalteten und beseelten Welt, der Kosmos als Miteinander von buchstäblich unendlich vielen Individuen. Das ist schon eine Idee von betörender Schönheit.

In einer angefügten Kolumne „Zur Person" wird der Schriftsteller folgendermaßen vorgestellt:

__Daniel Kehlmann__, Jahrgang 1975, hat Philosophie und Germanistik studiert und war bereits mit 28 Jahren, mit seinem Buch „Ich und Kaminski", international erfolgreich. Einer der größten Erfolge der deutschen Nachkriegsliteratur wurde im Jahr 2005 sein inzwischen auch verfilmter Roman „Die Vermessung der Welt", der im deutschsprachigen Raum eine Auflage von 2,3 Millionen Exemplaren erreichte und in 46 Sprachen übersetzt wurde. Kehlmann, der mit rund einem Dutzend Literaturpreisen geehrt worden ist, hält am 14. November den Festvortrag beim Festakt anlässlich des 300. Todestages von Gottfried Wilhelm Leibniz in der Neustädter Hof- und Stadtkirche.

__Fußnote:__

__(1)__ „Wie kommt man mit dem Unzureichenden aus?" Daniel Kehlmann wird in Hannover einen Vortrag zum 300. Todestag von Leibniz halten. Ein

Gespräch über Leibniz, Brecht und das Böse. HAZ, Nr. 224, 2016, S. 7.
Das Interview führten Lars Grote und Ronald Meyer-Arlt.

Die Reihe „Leibniz 2016" in der HAZ

Verfasser dieser Reihe, deren einzelne Beiträge in den Monaten Juni
bis November 2016 in der HAZ erschienen, sind Wenchao Li und
Georg Ruppelt. (Ruppelt ist Leiter der Gottfried Wilhelm Leibniz
Bibliothek = Niedersächsische Landesbibliothek in Hannover.)
Die Beiträge haben jedesmal den folgenden Vorspann:

*Bis zu Leibniz` 300. Todestag am 14. November präsentiert die HAZ
in Zusammenarbeit mit der Leibniz-Professur der Leibniz-
Universität Hannover jeweils sonnabends* [jedoch <u>nicht an jedem</u>
dieser Sonnabende, JGR] *kurze Texte, die sich mit besonderen, weniger beachteten Aspekten in Leben und Werk des Gelehrten beschäftigen.*

Ich möchte diese Kurzartikel, die interessante Informationen zu
Leibniz enthalten, im Folgenden durch Zitieren bzw. Zusammenfassen wiedergeben:

<u>*Rechnen ist unwürdig*</u> (HAZ, 16. Juli 2016)

(Vollständige Zitierung des Beitrages:) *In Paris kam Leibniz in Kon-
takt mit der wissenschaftlichen Elite seiner Zeit, unter anderem mit
Christiaan Huygens, einem der damals bedeutendsten Mathematiker,
Astronomen und Physiker. In den Gesprächen mit ihm wurde der
Grund für Leibniz` Entdeckung der Infinitesimalrechnung gelegt.
Von Paris aus nahm Leibniz an einer Delegation nach London teil.*

Im Reisegepäck führte er das erste Modell einer von ihm entwickelten Rechenmaschine mit sich. Ihre Vorführung in der Royal Society missglückte, dennoch wurde der junge Gelehrte zum Mitglied der Gesellschaft ernannt.

Zeit seines Lebens hat Leibniz an der Entwicklung von Rechenmaschinen gearbeitet, denn er war der Meinung, dass es unwürdig sei, „die Zeit von hervorragenden Leuten mit knechtischen Rechenarbeiten zu verschwenden, weil bei Einsatz einer Maschine auch der Einfältigste die Ergebnisse sicher hinschreiben kann".

Die letzte erhaltene Originalmaschine wird in der Leibniz Bibliothek in Hannover aufbewahrt. Es ist eine mechanische Staffelwalzenmaschine, mit der erstmals neben Addition und Subtraktion auch Multiplikation und Division möglich waren. Ihre Rechenkapazität beträgt acht Stellen in der Eingabe und 16 Stellen in der Ergebnisanzeige; sie war also in der Lage, etwa die Rechnung 12 345 678 mal 87 654 321 auszuführen. Das konnten auch noch in den Achtzigerjahren des 20. Jahrhunderts nicht alle elektronischen Taschenrechner. Mit seinem Konstruktionsprinzip legte Leibniz die Grundlagen für die vollständige mechanische Bearbeitung von Berechnungen aller Art. Damit ist er der Begründer einer Konzeption von Rechenmaschinen, die bis in die Mitte des 20. Jahrhunderts Vorbild war

In seinem letzten Lebensjahr schrieb Leibniz in einem Brief, dass er den Wunsch habe, ein Exemplar seiner Maschine durch Zar Peter den Großen dem chinesischen Kaiser zu überreichen. Der Tod des Philosophen am 14. November 1716 verhinderte, dass dieses Vorhaben zur Ausführung kam.

<u>*Auf der Suche nach Kontakt*</u> (HAZ, 23. Juli 2016)

(Vollständige Zitierung des Beitrages:) *1676 trat Leibniz als Bibliothekar in den Dienst des hannoverschen Herzogs Johann Friedrich.*

Die Stadt hatte um 1700 rund 10 000 Einwohner. Vergleicht man diese Einwohnerzahl mit Städten, in denen sich Leibniz vor oder nach seiner Ankunft aufgehalten hat, so wird schnell deutlich, dass Hannover in jener Zeit noch nicht zu den tonangebenden Stimmen im europäischen Mächtekonzert gehörte. Paris war mit 700 000 Einwohnern die größte Stadt der Welt, dicht gefolgt von London mit 575 000 Einwohnern. Wien hatte damals 115 000 Einwohner, Berlin 50 000, Frankfurt am Main 28 000, Mainz 20 000 und Leipzig immerhin 17 000 Einwohner.

Ein religionspraktisches Problem war in Hannover dadurch entstanden, dass der Herzog 1651 zum Katholizismus konvertiert war. Die Landstände hatten als Reaktion auf die Tatsache, dass die Schlosskapelle nunmehr katholisch geworden war, auf einen Kirchenneubau gedrungen, und so wurde gegenüber dem Leineschloss mit Mitteln des Herzogs die evangelisch-lutherische Neustädter Hof- und Stadtkirche Sankt Johannis gebaut, der erste barocke protestantische Kirchenbau im Fürstentum und die letzte Ruhestätte von Leibniz. Lebenslang bemühte er sich um eine Wiedervereinigung der Kirchen. Bei der Bevölkerung Hannovers galt Leibniz, der nur selten in der Kirche zu sehen war, allerdings als ein „(G)Lövenix" – plattdeutsch für „Glaube nichts".

Doch Leibniz klagte auch, als er auf eine Stelle in London hoffte, dass in Hannover kaum jemand zu finden sei, mit dem man sich unterhalten könne, denn zweifellos war sein Bedürfnis nach gelehrtem Kontakt überaus groß.

<u>Zucker im Wein</u> (HAZ, 6. Aug. 2016)

(Vollständige Zitierung des Beitrages:) *Was war dieser Leibniz für ein Mann, der ununterbrochen über Gott und die Welt reflektierte, der denkend schrieb und schreibend dachte und die Mächtigen die-*

ser Welt aufforderte, für das „bonum commune", das allgemeine Wohl, einzutreten? Über seine eigenen Absichten äußerte er, dass es ihm nicht darum gehe, „so viel Geld wie möglich anzuhäufen", er strebe vielmehr danach, seinen „Geist zufriedenzustellen, indem ich etwas Greifbares und Nützliches für das allgemeine Wohl leiste".

Sich selbst beschrieb er unter anderem so: „Er ist hagerer mittelmäßiger Statur, hat ein blasses Gesicht, sehr oft kalte Hände, [er hat] Füße, die wie die Finger seiner Hände nach Verhältnis der übrigen Teile seines Körpers zu lang und zu dünn sind, und keine Anlage zum Schweiß. Er hat bräunliches Haar auf dem Haupte, am Leibe ist er nur sparsam damit versehen. (...) Er liebt das Süße, z.B. den Zucker, womit er auch den Wein zu vermischen pflegt."

An seinen Bruder schrieb er: „Ich habe niemals anderen zu schaden versucht. Daraus folgt, dass auch ich niemals einen Feind gehabt habe." Und an anderer Stelle: „Ich gehöre nicht zu denen, die eigensinnig sind, und die Vernunft vermag alles über mich." Und: „Denn wie Sokrates bin ich immer zum Lernen bereit."

Die Herzogin Elisabeth Charlotte von Orleans, besser bekannt als Liselotte von der Pfalz, über Leibniz: „Aus dem, was ich von Herrn Leibniz höre und sehe, muss er gar großen Verstand haben und dadurch angenehm sein. Es ist rar, dass gelehrte Leute sauber seien und nicht stinken und Raillerie (Ironie, Scherz) verstehen."

Ganz nett das alles, bis auf die Sache mit dem Wein.

Alles aus nichts (HAZ, Nr. 189, S. 6)

(Zusammenfassung durch JGR:) Der Beitrag skizziert zunächst Leibnizens äußerst fruchtbare Arbeit an der berühmten herzoglichen Bibliothek in Wolfenbüttel und kommt dann auf seinen berühmten „Neujahrsbrief" an den Wolfenbütteler Herzog von Januar 1697 zu sprechen. In dem Brief beschreibt Leibniz seine Erfindung der „Dyadik", d.h. des Binärcodes. Der Herzog ließ dazu eine Medaille prägen, die diese Erfindung darstellt.

Ein Mann mit zwei Geburtstagen (HAZ, 21. Juni 2016)

(Zusammenfassung durch JGR:) Die historischen Hintergründe der Datierung nach dem Julianischen und dem Gregorianischen Kalender werden, bezogen auf das Leibnizsche Geburtsdatum, erläutert.

Leipnitz, Lubeniecz, Leibnitz? (HAZ, 25. Juni 2016)

(Zusammenfassung durch JGR:) Verschiedene Schreibweisen des Namens werden historisch hergeleitet. Leibniz selber habe ausgesagt, sein Name sei slavischer Herkunft; die Familie komme nachweislich aus Polen beziehungsweise Böhmen.

Auszug aus der Heimat (HAZ, 2. Juli 2016)

(Zusammenfassung durch JGR:) Beschrieben wird, wie Leibniz sich auf verschiedene Weise schon in jungen Jahren als ein Wunderkind erwies. An seine Heimatstadt Leipzig habe er sich „ohne Groll" erinnert. Zitiert wird u.a. seine folgende Aussage: *„Ich habe keinen Grund zur Klage darüber, dass ich als junger Mann und fast noch ein Knabe unter so vielen Männern, die an Alter und Gelehrsamkeit hervorragten, nicht auffiel. Dennoch reut mich meine Ungeduld nicht. Die Irrtümer des Menschen werden durch die göttliche Vorsehung gelenkt, sodass oft schlechte Entschlüsse zum Guten führen."*

Von Altdorf nach Paris (HAZ, 9. Juli 2016)

(Zusammenfassung durch JGR:) Eine ihm in Altdorf angebotene Professur habe Leibniz abgelehnt, weil er „die Welt kennenlernen" wollte. Er kam nach Mainz, wurde dort Berater des ehemaligen Ministers von Boineburg und *„kam mit der großen Politik in Berührung, für die er sich Zeit seines Lebens interessierte"*. Obwohl Protestant, erhielt er eine Anstellung beim Erzbischof und Kurfürsten von Mainz. *„Neben juristischen Expertisen schrieb Leibniz Abhandlungen zu allen theologischen, wissenschaftlichen und auch politischen Fragen seiner Zeit und entwarf Konzepte für die Gründung wissenschaftlicher Akademien, für die er später in Berlin, Dresden, Wien und beim russischen Zaren warb"*. Zudem entwickelte er den „Ägyptischen Plan", der Ludwig XIV. *„dazu bewegen sollte, statt der Niederlande besser Ägypten zu erobern. Er erhielt den Auftrag, eine entsprechende Denkschrift dem König in Paris zu übergeben, was allerdings nicht geschah. Als Leibniz in Paris ankam, war Ludwig XIV. bereits in Holland einmarschiert. "*

Im Dialog mit Peter dem Großen (HAZ, Nr. 195, S. 6)

(Zitate daraus:) *Als 1711 in Torgau die Hochzeit des russischen Thronfolgers mit einer braunschweigischen Prinzessin stattfand, nahm [Herzog] Anton Ulrich seinen Bibliothekar nach Torgau mit. Leibniz konnte bei dieser Gelegenheit mehrfach mit Peter dem Großen sprechen, den er sehr verehrte. [...] Ein weiteres Mal traf Leibniz den Zaren 1712 in Karlsbad, wo ihn Peter zum russischen Justizrat ernannte. [... Es folgten zwei weitere Treffen, in Bad Pyrmont und in Herrenhausen. Zitiert wird eine lobende Aufzählung der diversen positiven Eigenschaften Peters durch Leibniz, darunter die folgende:] „Er informiert sich über alle mechanischen Künste, aber sein großes Interesse gilt allem, was zur Schifffahrt gehört, deshalb liebt er auch die Astronomie und die Geographie. Ich hoffe, dass wir durch seine Vermittlung erfahren werden, ob Asien mit Amerika zusammenhängt."*

Zu dem genannten Herzog Anton Ulrich von Braunschweig-Wolfenbüttel ist erwähnenswert, dass er zwei bedeutende Barockromane verfasst hat. (Siehe Kindlers Literatur Lexikon)

Leibniz und seine Kurfürstinnen (HAZ, Nr. 207, S. 9)

(Vollständige Zitierung des Beitrages:) *Leibniz' stetiger Kontakt mit der hannoverschen Kurfürstin Sophie und ihrer Tochter, der brandenburgischen Kurfürstin und nachmaligen Königin in Preußen, Sophie Charlotte, ist für ihn eine große Befriedigung.*
„In der Tat", so Leibniz, „habe ich schon oft gedacht, dass Damen von geistiger Bildung sich besser eignen als Männer, die Wissenschaften und Künste voranzubringen. Die Männer, ganz von ihren Geschäften eingenommen, denken meist nur an das Notwendige, während Frauen, die ihren Stand über Sorgen und Nöte erheben, unbefangener und fähiger sind, an das Schöne zu denken." Im Mittelpunkt der Gespräche mit Sophie und ihrer Tochter stand die Philosophie. 1710 erschien seine „Theodicee". Er fasst darin die in den Gesprächen mit den Fürstinnen erörterten Fragen zusammen. Sophie Charlotte verstand sich als Leibniz' Schülerin, versuchte, seine Denkweise zu begreifen, und wollte das „Warum des Warum" wissen.
Über Sophie Charlotte, die 1705 mit nur 36 Jahren starb, schrieb er: „Die Königin besaß eine unglaubliche Kenntnis auch auf abgelegenen Gebieten und einen außerordentlichen Wissensdrang, und in unseren Gesprächen trachtete sie danach, diesen immer mehr zu befriedigen,

woraus eines Tages ein nicht geringer Nutzen für die Allgemeinheit erwachsen wäre, wenn sie der Tod nicht dahingerafft hätte."

Die obige Aussage, die Königin habe das „Warum des Warum" wissen wollen, möchte ich durch ein Zitat aus Werner Schmidts Buch **(1)** über den Ehemann der Königin näher erläutern:

[Der englische Theologe John Toland, der sich eine Zeitlang am brandenburgischen Fürstenhof aufhielt, schreibt über Sophie Charlotte:] *„Man admiriret* [= bewundert] *sowohl ihren scharfen und geschwinden Geist als ihre gründliche Wissenschaft, so sie in den schwersten Stücken der Weltweisheit erlanget hat. Ja, ich muss frei und ohne schmeichelei gegen ihre hohe Person bekennen, dass ich in meinem ganzen Leben Niemand gehöret, welcher geschicktere Einwürfe hatte machen oder die Unzulänglichkeit und Sophisterei eines vorgebrachten Arguments oder Schlusses hurtiger entdecken oder auch die Schwäche oder Stärke einer Meinung leichter penetrieren können, als eben sie."*
Diese Kunst Sophie Charlottes muß selbst Leibniz zu gelinder Verzweiflung getrieben haben; von ihm ist der Ausruf überliefert: „Es ist nicht möglich, Sie zufrieden zu stellen; Sie wollen stets das Warum des Warum wissen."

Ihren oben erwähnten frühen Tod hatte Sophie Charlotte durch leichtsinnige Nichtbeachtung von Krankheitssymptomen selbst verursacht:

Sie blieb sich treu, als es ans Sterben ging. Ihre Lebensfreude, die aus Lietzenburg oft ein „Lustenburg" gemacht hatte, denn die Kinder des Musenhofes waren nie Kinder von Traurigkeit gewesen, sogar Leibniz hatte gelegentlich geklagt über allzu „lüderliches

*Leben", diese Vitalität ließ sie 1705 zum Karneval nach Hannover reisen, obwohl sie an einer Halsgeschwulst erkrankt war. Sie versuchte, die Krankheit mit ihrem Willen zu unterdrücken, brach aber nach einem Ball mit Erstickungsanfällen zusammen. Sie wusste, wie es um sie stand, und wer sie über ihren Zustand belügen wollte, stieß auf Unverständnis. **(2)***

Leibniz und die Große Fontäne (HAZ Nr. 213, 2016, S. 5)

Dieser Beitrag gibt interessante Einblicke in die Ideen und Ziele, die barocke Fürsten mit solchen Fontänen in ihren Schlossgärten verbanden, und in die Geschichte speziell der Herrenhauser Fontäne:

Zu einem wichtigen Thema in den Gesprächen, von Leibniz und Kurfürstin Sophie gehörte zweifellos auch die Frage der „Großen Fontäne" in Herrenhausen. Dies war ein durchaus politisches Thema, denn die Bauprojekte der barocken Fürsten dienten als Symbol und Beweis ihres Herrschaftsanspruches. Der neue Kurfürst Georg Ludwig, Sohn des 1698 gestorbenen Ernst August, legte besonderen Wert auf den Ausbau einer hoch springenden Fontäne. Schlösser wurden in jener Zeit überall mit großem Aufwand an Geld und Zeit gebaut, und mit Versailles konnte man ohnehin nicht konkurrieren.

Bernd Adam schreibt in dem von Marieanne von König herausgegebenen Band „Herrenhausen" (Wallstein, 2006), dass als einzig gangbarer Weg die Aufnahme einer selektiven Konkurrenz erschiene: „Was es weit und breit nicht gab, war ein wirklich imposanter Springstrahl [die größte Fontäne in Versailles brachte es auf 21 Meter], und dies war für einen barocken Souverän ein ideales Projekt: Eine einzige kräftige Fontäne konnte die Macht des Herr-

schers, die Schwerkraft und damit die Natur zu bezwingen, am augenfälligsten zeigen. Im Zentrum des geometrisch geordneten Gartens positioniert, beherrschte sie die Anlage ebenso, wie der Fürst im Zentrum seines geordneten Staatswesens stand. Nur zu besonderen Anlässen wurde der Springstrahl in Betrieb gesetzt und zog alle Blicke auf sich, vergleichbar dem Herrscher, wenn er in der Hofgesellschaft erschien, ganz abgesehen von der augenfälligen Symbolik der Manneskraft, die der Strahl zeigen sollte

Leibniz, der durch seine Harzer Bergbauunternehmungen einige Erfahrungen in wassertechnischen Fragen besaß, machte sehr konkrete Vorschläge für die Verbesserung der Wasserversorgung Herrenhausens und zum Bau einer Fontäne, die 35 Meter hoch steigen sollte. Doch erst lange nach seinem Tod konnten englische Ingenieure auf der Grundlage von Leibniz' Plänen diese Aufgabe bewältigen. Heute erhebt sich die Große Fontäne bis zu 82 Meter in die Höhe.

China-Vertretung in Hannover (HAZ, Nr. 225, 2016, S.7)

Ich zitiere diesen Beitrag, der eine gute Zusammenfassung der Leibnizschen Aktivitäten in Sachen China liefert, vollständig:

Lebenslang hat Leibniz sich für das Reich der Mitte interessiert. Die Informationen über das Land, seine Geschichte, Kultur, Sprache und Philosophie bekam er direkt von den dort tätigen Missionaren des Jesuitenordens, mit denen er einen regen Briefwechsel pflegte. Ein Brief nach Peking war im günstigen Fall sechs oder acht Monate unterwegs, manchmal aber auch drei Jahre, bis er seinen Empfänger erreichte – wenn überhaupt.

Auch von seinen Briefpartnern in Europa, besonders in Frankreich und im Vatikan, wurde Leibniz auf dem Laufenden gehalten. Als er

1687 in Rom den italienischen Missionar Claudio Phi. Grimaldi traf, führte Leibniz mehrere Unterredungen mit ihm und quetschte ihn sofort über die chinesische Sprache bis zur Seidenraupenzucht aus.

1697 veröffentlichte Leibniz in Hannover eine Sammlung der China-Berichte unter dem Titel „Das Neueste aus China"; eine seiner letzten, aber nicht beendeten großen Abhandlungen ist der chinesischen Philosophie gewidmet. Selbst das chinesische Go-Spiel war Gegenstand einer kleinen Abhandlung.

Immer wieder warnte Leibniz Europa davor, Wissen und Können ohne Vorbehalt nach China zu transportieren, denn dann werde China eines Tages Europa überlegen sein und die Europäer aus dem Reich der Mitte hinauswerfen. Um das zu vermeiden, schlug Leibniz ein Austauschprojekt zwischen China und Europa vor: China könne von Europa Theoriebildung lernen, Europa könne von Chinas Erfahrungswissen profitieren.

Das Ergebnis werde ein Zuwachs an Wohlstand und Vernunft auf beiden Seiten sein. Er selbst könne dabei eine Vermittlerrolle übernehmen. In einem Brief an Königin Sophie Charlotte schreibt Leibniz, er wolle ein Schild an seine Tür nageln, mit der Aufschrift: Auskunftsbüro China!

Die Leibniz-Edition (HAZ am 15. Okt. 2016, S. 6)

Durch glückliche Fügung ist Leibniz` Gesamtnachlass fast vollständig überliefert. Mit etwa 200 000 Seiten (überwiegend lateinisch, französisch und deutsch), darunter über 15 000 Briefen und mehr als 50 000 Abhandlungen, Skizzen und Exposees, stellt dieser Nachlass einen einmaligen kulturellen Reichtum von Weltbedeutung dar. Die darin behandelten Themen betreffen das gesamte Wissens- und Wissenschaftsspektrum des 17. und des beginnenden 18. Jahrhunderts und spiegeln die Genialität der Neuansätze von Leibniz.

Diesen Nachlass durch akribische Detailarbeiten systematisch zu erschließen und den Forschern weltweit zugänglich zu machen, ist die Aufgabe der sogenannten Leibniz-Edition.

Die Katalogisierung des Nachlasses begann 1901. Zwei Weltkriege, die erzwungene Emigration eines jüdischen Mitarbeiters 1933 und weitere personelle Folgen der nationalsozialistischen Herrschaft, die gravierenden Schwierigkeiten infolge der deutschen Teilung und andere Faktoren haben den Fortgang der Edition erheblich behindert. Bis 1985 konnten nur 19 Bände gedruckt werden. Mittlerweile liegen aber 59 Bände durchschnittlich 870 Seiten vor.

Die Edition wird von den Akademien der Wissenschaften zu Göttingen und Berlin betreut, Arbeitsstellen sind in Berlin, Hannover, Münster und Potsdam. Die Ausgabe besteht aus acht Reihen von allgemeinem Briefwechsel über Mathematik bis zu Technik und Naturwissenschaften. Die von den Editionsstellen bearbeiteten Texte bilden die Grundlage für die Leibniz-Forschung weltweit und sind die Mutter vieler nationalsprachlicher Übersetzungen – chinesischer, japanischer, rumänischer, russischer, spanischer sowie des englischsprachigen „Yale Leibniz".

Die Beschäftigung mit Leibniz ist keineswegs nur von historischem Interesse, und die Gedanken kaum eines anderen Denkers erweisen sich als so aktuell wie die seinen. Dies ist wohl auch einer der Gründe für das breite internationale Interesse an Leibniz' Schrifttum: Leibniz-Gesellschaften gibt es in Nordamerika, Spanien, Japan, China, Rumänien, Israel, Italien, Frankreich und Südamerika.

Ein Lutheraner in Italien (HAZ am 22. Okt. 2016, S. 7)

Leibniz war Lutheraner. Er mochte diese Bezeichnung allerdings nicht, da die Glaubenslehre, der man folge, nicht von Luther stamme. Nur Sekten würden nach ihren Sektenführern genannt, und zu diesen möchte man gewiss nicht gezählt werden. Schließlich lehnten es auch die Reformierten ab, dass man sie Calvinisten nenne.

Versuche, Leibniz zum römisch-katholischen Glauben zu bewegen, lehnte Leibniz immer wieder ab.

Trug Leibniz aber einen Rosenkranz bei sich? Dafür scheint zumindest eine geradezu wunderbare Geschichte zu sprechen: 1689 bereiste Leibniz Italien. Von Venedig aus ließ er sich in einer kleinen Barke allein zur See fahren, und es kam zu einem gräulichen Sturm. Leibniz` Schiffer, nicht glaubend, dass er ihre Sprache verstehe, beratschlagten sich in seiner Gegenwart, ihn über Bord zu werfen und seine Sachen zu teilen. „Er habe sich aber nichts mercken lassen, einen Rosenkranz, so er bey sich gehabt, hervorgenommen und gethan, als wenn er darnach bethete: worauf sich einer gleich gegen die andern erkläret: Weil er sähe, wie der Mann kein Ketzer seye, so könne er es auch nicht übers Herz bringen, ihn töten zu lassen.“ Die Geschichte soll Leibniz oft seinem Sekretär erzählt haben.

Ein Rosenkranz spielte auch in Leibniz` Beobachtungen in Rom eine Rolle: Kurz nachdem er dort ankam, verstarb der 79-jährig Papst Innozenz XI. und Leibniz bekam die Gelegenheit, das Procedere der Sedisvakanz (Unbesetztheit des Hl. Stuhles) und des Konklaves mitzuerleben. Tagelang protokollierte der Lutheraner die Ereignisse und notierte Gerüchte und Anekdoten über wunderbare Begebenheiten. So sei „eine Blinde am zweiten Tag der Aufbahrung in der Petersbasilika sehend geworden.“ Dass zwei Bögen des Kolosseums „in eben derselben Stunde, in welcher der Papst starb, eingestürzt“ seien, hielt Leibniz eher für zufällig. Die Voraussage des Papsttodes hielt Leibniz für eine Fabel: „Sie fabulieren, der Papst habe die Zeit seines Todes vorhergesagt, weil ihm die hl. Ursula erschienen sei, und das widerfahre allen, die ihr zu Ehren täglich einen Rosenkranz beten, und dies habe der Papst getan.“ Seine Skepsis hinderte Leibniz nicht, dem neuen Papst Alexander VIII. ein umfangreiches Glückwunschgedicht zu widmen.

Leibniz im Unesco-Welterbe (HAZ am 5. Nov. 2016, S. 9)

Leibniz ungeheurer Nachlass ist nahezu vollständig der Nachwelt erhalten geblieben. Er ist der wichtigste Bestand der ehemals Kurfürstlichen und Königlichen Bibliothek in Hannover, die seit 2005 seinen Namen trägt, und umfasst 200 000 Manuskriptseiten, seine Rechenmaschine und seine Privatbibliothek. Der Briefwechsel im Nachlass stellt ein einzigartiges Zeugnis der europäischen Gelehrtenrepublik im Übergang vom Barock zur frühen Aufklärung dar. Er enthält eigene Entwürfe wie eingehende Briefpost und umfasst mit rund 15 000 Briefen an 1100 Korrespondenten alle wichtigen Bereiche der Wissenschaften.

2007 teilte die Unesco-Kommission folgendes mit: „Das Internationale Beraterkomitee (International Advisory Committee) für das Unesco-Programm `Memory of the World` hat auf seiner 8. Sitzung vom 11. bis 15. Juni 2007 in Pretoria, Südafrika, über Neueinträge in das Unesco-Register des Weltkulturerbes entschieden. Aus Deutschland wurde der Briefwechsel des Universalgelehrten Gottfried Wilhelm Leibniz neu in das Weltregister der Unesco aufgenommen.“

Die Unesco-Kommission sieht die große Bedeutung der Korrespondenz in ihrem weltumspannenden Themenspektrum. „Sie spiegelt das Hineinwachsen Russlands nach Europa in der Zeit Zar Peters I. ebenso wie den Kulturaustausch mit China wider. Der Briefwechsel stellt ein Gründungsdokument der europäischen Moderne dar und markiert einen Wendepunkt in der Entwicklung von Technik und Denken der Zeit. Zugleich steht er für die Suche nach der Verbindung westlicher Wissenschaft mit fernöstlicher Denkweise. Leibniz etablierte ein weltweites Korrespondenznetz, das Hannover zu einem Mittelpunkt der wissenschaftlichen Gemeinschaft machte.“

Ossa Leibnitii (HAZ am 12.Nov. 2016, S. 8)

Leibniz starb am 14. November 1716, einem Sonnabend, gegen 10 Uhr abends in seinem Haus an der Schmiedestraße 10. (Der Nachbau des Hauses neben dem Historischen Museum sollte übrigens endlich einmal mit einer Hinweistafel kenntlich gemacht werden!) Die Todesursache war wahrscheinlich Kreislaufversagen. Die überlieferten Berichte erlauben aber keine eindeutige Diagnose im heutigen Sinne. Leibniz hinterließ eine sehr ansehnliche Summe von weit über 12 000 Talern. Als sein Neffe und Universalerbe Friedrich Simon Löffler, Dorfpfarrer in Probstheida, mit dem wohl unverhofften Reichtum zu Hause ankam, soll seine Frau vor Freude und Überraschung tot zu Boden gesunken sein

König und Kurfürst Georg I. verfügte am 26. Januar 1717 in einer Resolution, dem Erben das Eigentum von Leibniz, ausgenommen die Privatbibliothek, die Manuskripte, die Korrespondenz und die Rechenmaschine zu verabfolgen, ihm den Kaufpreis für Leibniz` Garten vor dem Aegidientor ohne Abzug zu übergeben, die noch vorhandenen Exemplare der von Leibniz veröffentlichten Theodizee und des von ihm herausgegebenen Codex iuris gentium diplomaticus (Urkundensammlung der Völker) auszuliefern und für die Privatbibliothek mit schätzungsweise 6000 Stücken „einiges Äquivalent" zu geben.

Zudem soll dem Erben, als Entschädigung für den einbehaltenen Sachwert, die etwa ein Drittel des Erbvermögens betragende Kapitalausfuhrsteuer erlassen worden sein, da das Vermögen ja in Ausland nach Sachsen ging. Dass die einbehaltenen Sachen mehr wert waren als die gesparte Steuer, wusste auch Löffler. Die Familie prozessierte drei Generationen beziehungsweise 64 Jahre lang, zuletzt mithilfe der Regierung in Dresden. Hannover erklärte sich schließ-

lich 1779 bereit, nochmals 500 Taler an die noch lebenden Erben nachzuzahlen.

Frühmorgens am 15. November 1716 wurden Leibniz' sterbliche Überreste in einem schlichten Tannensarg in die neustädtische Hofkirche gebracht, begleitet von zwei Dienern mit Laternen; neben dem Wagen gingen sein letzter Sekretär Vogler und sein Kutscher sowie zwei Diener. In einer Kutsche folgten Johann Georg Eckart und ein junger Gelehrter.

Einen Monat später fand das Begräbnis statt. Unter den Trauergästen waren die nächsten Verwandten und Bekannten. Der Konsistoralrat David Ruprecht Erythropel (1653-1732) sang die Kollekte, ein Schülerchor musizierte, es läuteten die Kirchenglocken. Gar so einsam, so beleidigend für das Gefühl der Nachwelt, wie gemeinhin kolportiert wird, wurde Leibniz nicht beerdigt. Vom Hof und dem Beamtentum war allerdings niemand zum Begräbnis erschienen.

Die wirkliche Grabstätte war jedoch bald nicht mehr aufzufinden. Das Grabmal in der Neustädter Hof- und Stadtkirche mit der Inschrift „Ossa Leibnitii" (Leibniz' Gebeine) wurde erst 1790 errichtet, 74 Jahre nach Leibniz' Tod. (Foto: Droese)

Fußnoten:

(1) Werner Schmidt: Friedrich I. Kurfürst von Brandenburg und König in Preußen, München: Hugendubel Verlag (Diederichs) 2004, S. 293 f.

(2) S. Fischer-Fabian: Preußens Gloria. Der Aufstieg eines Staates. Anaconda Verlag 2013, S. 52 ff. – Siehe zum Leben am preußischen Königshof auch Karl Eduard Vehse: Preußens Könige privat. Anaconda Verlag.

Zwei Beiträge speziell zu Leibnizens 300. Todestag

Ich zitiere in diesem Unterkapitel zwei HAZ-Beiträge. Die beiden Zeitungsartikel wurden verfasst von Simon Benne bzw. Ronald Meyer-Arlt.

Benne beschreibt am 15. November mehrere Gedenkveranstaltungen, die in Hannover an Leibnizens Todestag, dem 14. November, also am Tag zuvor, stattgefunden hatten:

Einer wie er ist tatsächlich für Gänsehautmomente gut, auch 300 Jahre nach seinem Tod. Um 22 Uhr, zur Todesstunde von Gottfried Wilhelm Leibniz, erklingen die Glocken der Neustädter Kirche, und Hunderte von Besuchern versammeln sich auf dem Kirchplatz, um im Schein von Fackeln „Der Mond ist aufgegangen" anzustimmen. Viele frösteln, der Vollmond ist an diesem diesigen Abend kaum zu sehen – und doch ist es ein würdiger Ausklang eines an großen Worten reichen Tages.

Vielleicht wurde Leibniz niemals so viel Ehre zuteil wie an diesem 14. November: Zahlreiche Veranstaltungen feiern an seinem 300. Todestag den zu Lebzeiten oft verkannten Genius, den Oberbürgermeister Schostok heute einen „Glücksfall für unsere Stadt" nennt. Am Leibniz-Grab in der Neustädter Kirche legen Studentinnen im Namen von Ministerpräsident Stephan Weil einen Lorbeerkranz nieder. „Je länger ich mich mit ihm befasse, desto faszinierter bin ich von ihm", sagt Weil.

Pastorin Martina Trauschke erinnert an die Aktualität des Philosophen:"Seine Leidenschaft für die Vernunft hat noch immer Leuchtkraft." Als Präsident der Leibniz-Gesellschaft würdigt Erich Barke das Universalgenie. Leibniz sei mit seinen Ideen oft gescheitert: „Er hat aber nie aufgegeben, sondern weitergearbeitet." Mit dieser Haltung sei er bis heute ein Vorbild für junge Menschen.

Am Vormittag läuten Leibnizschüler den Gedenkreigen mit einem Theaterstück in der Neustädter Kirche ein. Als Zeitreisender kreuzt Leibniz darin in einer TV-Quizshow auf, in der es um das Thema Leibniz geht. Und prompt zeigt sich, dass verkopfte Experten mit dem Gelehrten weit weniger warm werden als unbefangene Laien. Am Nachmittag wird in der Kirche die Komposition „Longue Distance" uraufgeführt – ein Werk im Geiste unseres verehrten Verstorbenen, wie Leibniz-Biograf Eike Christian Hirsch sagt. Schließlich hatte Leibniz selbst eine Harmonielehre skizziert, nach der alle Musik auf Mathematik beruht. Das Stück von Frederik Durieux für Klarinette und die chinesisch Stabgeige Erhu überrascht mit mikrotonalen Intervallen und flirrenden Glissandi – Leibniz hätte seine Freude daran gehabt.

Am Abend kommt Leibniz selbst zu Wort: Bei einem „Salonkonzert" in der Neustädter Kirche lesen die Schauspieler Dieter Hufschmidt und Elisabeth Hoppe aus Briefen, die Leibniz und fürstliche Damen einander schrieben. Die Dokumente zeigen, wie geistvoll und sinnlich der vermeintlich spröde Geistesriese sein konnte.

Anschließend können Besucher sich in „Salons" zum geselligen Austausch zurückziehen: Landtagspräsident Bernd Busemann öffnet sein Arbeitszimmer, der Fürstenhof des Landeskirchenamtes ist ebenso geöffnet wie das Turmzimmer der Neustädter Kirche. Nach dem Glockenläuten gibt es Musik mit dem Bläserkreis Hannover auf dem illuminierten Kirchvorplatz. Der Mann, der diese Welt für die beste aller möglichen Welten hielt, wäre mit seinem Ehrentag wohl zufrieden gewesen. [Angemerkt wird: *Weitere Bilder zum Thema unter haz.li/leibniz*]

Ronald Meyer-Arlt schreibt in der HAZ am 15. November (Seite 13) unter der Überschrift „Kehlmann findet die richtigen Worte" Folgendes über die am Tag zuvor stattgefundene Festveranstaltung zu Leibniz:

Zugang zu Gottfried Wilhelm Leibniz gibt es auf vielerlei Weise. Dieser Gang zu Leibniz war aber doch ein ganz besonderer. Die Gäste, die zum Festakt anlässlich des 300. Todestages des Philosophen ins Galeriegebäude Herrenhausen wollten, mussten zuerst die Orangerie durchschreiten. Dort aber laufen gerade die Vorbereitungen zum Wintervarietee „Wet", bei dem Badewannen eine zentrale Rolle spielen werden. Die 350 geladenen Festgäste mussten also an einer Batterie von Badewannen vorbei. Das war einerseits komisch, andererseits aber auch passend. Denn selbstverständlich hat sich Leibniz auch mit Hydrologie befasst.

Es gab die obligatorischen Grußworte. Es sprachen Ministerpräsident Stephan Weil, Hannovers Oberbürgermeister Stefan Schostok, Erich Barke, früher Präsident der Leibniz-Universität, jetzt Präsident der Gottfried-Wilhelm-Leibniz-Gesellschaft. Alle würdigten die Verdienste des Philosophen, seine Vernetzung, die Vielfältigkeit seiner Interessen, seine andauernde Wirkung. Davor und danach erklang Musik. Alles sehr feierlich, alles sehr getragen. So als sei Leibniz vergangene Woche erst gestorben.

Mit Leibniz` Sterben und seiner Beerdigung, die so schmucklos war, dass ein zufällig durchreisender Schotte entsetzt berichtete, so bestatte man anderswo die Wegelagerer, begann dann auch Daniel Kehlmann seinen Festvortrag.

Den Schriftsteller als Festredner verpflichtet zu haben, war allerdings ein großer Coup. In seinem Bestseller „Die Vermessung der Welt" hat Kehlmann die Lebensläufe des Mathematikers Carl Friedrich Gauß und des Naturforschers Alexander von Humboldt miteinander verschränkt. Und ein Theaterstück über den Mathematiker Kurt Gödel hat er auch geschrieben. Kaum ein anderer deutscher Schriftsteller eignet sich besser den naturwissenschaftlichen Philosophen Gottfried Wilhelm Leibniz zu würdigen.

Kehlmann begann mit dem armseligen Begräbnis und der Feststellung: „Es gab wahrscheinlich keinen Menschen, der Leibniz wirklich kannte." Der Schriftsteller würdigte den Philosophen mit sehr schönen Sätzen. Etwa: „Sein Leben war gesegnet in vieler Hinsicht und in mancher Hinsicht verflucht." Oder: „Der Rechnende braucht das Paradox der Unendlichkeit, das er wie mit einem Tanzschritt überspringt, nie zu begreifen, weil Leibniz es für ihn begriffen hat und ihm eine geistige Maschine zur Verfügung stellt, einen virtuellen Computer eben, in den er nur die Werte eingeben muss, um ohne Mühe das Ergebnis zu erhalten." Oder: „Jede einzelne Seele repräsentiert eine ganz und gar spezielle, unwiederholbare Sicht auf die Welt."

Damit war Kehlmann, nachdem er intelligent und unterhaltsam den Nachruhm des Philosophen, seine Infinitesimalrechnung, die Monadologie, die technischen Entwicklungen der Aufklärungszeit gestreift hatte, bei einem besonderen Punkt seiner Festrede angekommen: bei der Unendlichkeit der Perspektiven. Und bei seinem Publikum. Und bei Gott. Von dort kam er schnell zu Leibniz' Postulat von der „besten aller möglichen Welten", in der wir leben würden. Kehlmann erläuterte diese Aussage in der ihm eigenen Art, also gleichermaßen mit Eleganz und Lässigkeit: „Gottes Anwalt Leibniz behauptet keineswegs, dass die Welt, die wir haben, die für uns die bequemste oder angenehmste unter den möglichen ist; nein, das Plädoyer, das er für seinen Klienten hält, ist melancholischer und vorsichtiger: „Die 'beste aller möglichen Welten', das kann auch einfach bedeuten: mehr war leider nicht drin." – Schön!

Überarbeitete Ausgabe von Eike Christian Hirschs Leibniz-Biografie erschienen

Hirschs Buch, mit dem Titel „Der berühmte Herr Leibniz", wurde am 13. November 2016 in der Sendung „Büchermarkt" des Deutschlandfunks als „Buch der Woche" von Hans-Martin Schönherr-Mann besprochen. **(1)**
Die Rezension ist es meines Erachtens wert, hier vollständig wiedergegeben zu werden:

"Warum gibt es überhaupt etwas, und nicht nichts?" Das ist die Frage, die Gottfried Wilhelm Leibniz der Philosophie stellte. Er war ein vielseitiger Gelehrter: Er beschäftigte sich mit Mathematik, Politik, Technik und Ökonomie – und war manchmal sogar Heiratsvermittler. Der Journalist Eike Christian Hirsch beschreibt das in seiner neuen Biografie.

Leibniz gehört zu den ganz Großen der Philosophiegeschichte. Das ist insofern erstaunlich, weil sein philosophisches Werk überschaubar ist und seine philosophischen Thesen weitgehend einen metaphysischen Charakter haben, der schon in seine Zeit und erst recht in die heutige kaum zu passen scheint.

Eine der berühmtesten, metaphysischen Thesen von Leibniz, die bestehende Welt ist [besser: sei, JGR] *die beste aller möglichen, die schon Voltaire in seinem Roman Candide persifliert, wird von Eike Christian Hirsch doppelt relativiert. Erstens würde sich Voltaire gar nicht auf Leibniz beziehen, zweitens bedeutet die Leibnizsche These ja nicht, dass die Welt die beste ist, sondern* [dass sie] *eben nur die bestmögliche* [sei], *ist eine bessere dem Schöpfergott nicht möglich gewesen.*

Denn Leibniz geht davon aus, dass Gott die Welt und ihre Naturgesetze geschaffen hat, in diese aber nicht mehr eingreift. Gott lenkt die Welt nicht mehr hintergründig, sodass die Menschheit für das Geschehen um sie herum selbst moralisch verantwortlich zeichnet. Daher gibt es nach Leibniz nicht nur ein natürliches Geschehen, das mechanistisch abläuft, sondern auch ein geistiges, das dem Menschen seine Freiheit wahrt. Leibniz schreibt:

"Die Materialisten oder diejenigen, welche sich einzig und allein der mechanischen Philosophie hingeben, tun Unrecht daran, alle metaphysischen Erwägungen zurückzuweisen und alles aus bloß sinnlichen Prinzipien erklären zu wollen. Ich schmeichle mir, in die Harmonie der verschiedenen Reiche eingedrungen zu sein und erkannt zu haben, dass beide Parteien Recht haben, vorausgesetzt, dass sie gegenseitig ihre Kreise nicht stören, dass also alles in den Naturerscheinungen gleichzeitig auf mechanische und auf metaphysische Weise geschieht, dass aber die Quelle der Mechanik in der Metaphysik liegt."

Leibniz ist Lutheraner, der sich aktiv um die Versöhnung sowohl mit der Römisch Katholischen Kirche als auch mit den Calvinisten bemüht. Zu den Atheisten zählt er nicht, was man im 17. und 18. Jahrhundert auch nirgends öffentlich bekunden darf. Andererseits ist er den neuen Naturwissenschaften zugetan und versucht, diese mit dem religiösen Glauben zu verbinden.

Ob bei Moses, Christus oder Mohammed liefern Religionen zunächst Welterklärungen, aus denen sich dann ethisch moralische Normen für die Gläubigen ableiten. Zwar erscheint das biblische Weltbild schon zu Zeiten von Leibniz als unglaubwürdig. Doch die naturwissenschaftlich kausal vollständig erklärte Welt lässt ihrerseits keinen Raum für Moral, weil sie den Menschen determiniert und ihm damit den freien Willen raubt, was bis heute diverse neurologische Forschungen zu bekräftigen versuchen.

Von der naturwissenschaftlich erklärten Welt unterscheidet Leibniz daher eine innere religiös metaphysische Welt, die von der äußeren unabhängig ist. Und daher die Freiheit des Willens wie die Moral ermöglicht. Damit beschränkt Leibniz die Naturwissenschaften auf das materielle Geschehen und den Glauben auf das Feld von Moral und Ethik.

Religion lenkt Menschen ethisch

So braucht eine religiöse Ethik vor allem kein Fundament in einer Welterklärung mehr, richtet sich die Religion stattdessen darauf aus, die Menschen ethisch zu lenken. Der Protestantismus fordert den Gläubigen sogar auf, die diesseitige Welt zu verbessern, während das jenseitige Seelenheil langsam an Attraktivität verliert. Hirsch schreibt:

"Moralische Vollendung statt jenseitiger Belohnung – Leibniz hat mit diesem Gedanken Schule gemacht, denn die folgenden Generationen in Deutschland bis hin zu Goethe und Hegel haben diesen Leitgedanken des allmählichen moralischen Aufstiegs der Menschheit zu einem Reich der Geister von Leibniz übernommen. Das ist das eine. Zum anderen hat seine Entscheidung fortgewirkt, keinerlei Offenbarungswahrheit anzugreifen. Man lässt den Frommen ihren Glauben und legt sich selbst die Überlieferung nur stillschweigend anders zurecht."

Damit trifft Hirsch den Kern des philosophischen Erfolges von Leibniz. Er gehörte zu den ersten, die dem religiösen Glauben eine zeitgemäße Aufgabe stellen. Was sich bis heute nicht nur im Christentum weitgehend durchgesetzt hat, nämlich zur Moralisierung der Menschen beizutragen, die sich bereits in dieser und nicht erst in der jenseitigen Welt auswirkt: Auch Papst Franziskus predigt heute eine solche Perspektive. Daher darf man die Popularität von Leibniz eher in Kreisen aufgeklärter Gläubiger vermuten als in dem engeren Zirkel von Philosophen, die sich häufig wenig für religiöse

Fragen interessieren – ein Sachverhalt, den Hirsch stillschweigend übergeht. Die Bedeutung Leibniz' in der Philosophie wird von Hirsch aus dieser protestantischen Perspektive denn auch etwas überzeichnet. Ansonsten lassen sich die Werturteile des Autors zumeist gut nachvollziehen.

Seine Zeitgenossen verblüffte Leibniz noch mit einer anderen berühmten These: Für ihn besteht die Welt aus Einzelwesen, aus sogenannten Monaden, die in sich abgeschlossen sind, somit mit ihrer Umwelt kaum oder gar nicht kommunizieren. Hirsch schreibt:

"Am bekanntest ist der Satz, den die Monadologie neu einführt: 'Monaden haben keine Fenster.' Seine Berühmtheit verdankt er gewiss nur der Tatsache, dass hier die Bildsprache so anschaulich ist. Man sieht ein fensterloses Haus vor sich, glaubt, sofort zu verstehen und sollte sich doch fragen, ob man nicht zu schnell und damit falsch verstanden hat."

Der heutige radikale Konstruktivismus, der aus der Biologie stammt und in der Sozialwissenschaft fleißig rezipiert wird, geht von sich selbst steuernden biologischen oder sozialen Systemen aus, die sich nur beschränkt an ihrer Umgebung orientieren.

Nach Leibniz spiegeln diese Monaden aber das Universum insgesamt bzw. spiegelt sich in jeder Monade das Universum. Hirsch bemüht sich trotzdem darum, die Monade mit modernen Vorstellungen zu verbinden. Einerseits betrachtet die Physik Atome heute nicht mehr unbedingt als kleine feste Materiekügelchen, sondern als Energie, von der man gewisse Informationen gewinnt. Andererseits beziehen sich die Monaden auf das Universum, wenn sie es spiegeln. So vergleicht Hirsch Leibniz mit seinen intellektuellen Konkurrenten, zum Beispiel Isaac Newton:

"Ganz modern und gleichsam als Sieger erscheint Leibniz wiederum, wenn er die Einheit und Verbundenheit alles Geschaffenen behauptet. Er scheint der erste Denker gewesen zu sein, der den

Kosmos als einen sich entwickelnden Prozess gesehen hat. Alles ist System und Wandel, so sah er es. Und so war seine Metaphysik angelegt. Als Logiker hat er den Satz aufgestellt, dass nichts ohne Grund geschehe, als Mathematiker den Begriff der Funktion eingeführt."

Mit Newton stritt er darum, wer als erster die Infinitesimalrechnung entwickelte. Hirsch zufolge geschah das parallel, ohne allzu große gegenseitige Beeinflussung oder auch Spionage, achteten die Gelehrten des 17. Jahrhunderts geflissentlich darauf, dass sie ihr Wissen für sich behielten. Leibniz' Denken wirkt sich bis heute sicherlich stärker auf die Mathematik als auf die Philosophie aus, schreibt Hirsch:

"Schon in seinem ersten Aufsatz tauchte zum ersten Mal ein Symbol auf, das uns allen vertraut ist: Als Divisionszeichen wird, statt des bis dahin üblichen Bruchstrichs, der Doppelpunkt benutzt; auch eine Schreibweise, die Leibniz erfunden und durchgesetzt hat."

<u>Leibniz entwickelte eine Rechenmaschine</u>

Leibniz entwickelte eine Rechenmaschine, deren Prototyp zwar schon erstaunliche Rechnungen bewältigen konnte, die aber doch viel zu störanfällig war, um wirklich benutzt zu werden. Heutige Nachbauten gemäß seinen Vorgaben bestätigen aber ihre Funktionstüchtigkeit, verfügte man zu Zeiten von Leibniz [doch] nicht über die dazu nötige technische Präzision.

Andererseits war er vermutlich auch der erste, der allein mit Null und Eins rechnete, also digital, was Hirsch indes relativiert, [seiner Ansicht nach] "liegt der Reiz der Idee darin, dass heute jeder Computer nach dem System der beiden Ziffern funktioniert, weil der elektrische Strom nur zwei Zustände kennt [nämlich „An" oder „Aus", JGR]. Auch wenn man Leibniz deswegen nicht als den Vater

des Computers bezeichnen darf, so hat er doch immerhin selbst schon die Dyadik für ein maschinelles Rechnen verwenden wollen."
Leibniz gehört zu den Gelehrtentypen des 17. Jahrhunderts, die sich längst nicht nur theoretisch oder philosophisch engagierten, die sich vielmehr um die praktische Anwendung ihrer Erkenntnisse bemühten, Leibniz sogar in vielen, sehr unterschiedlichen Tätigkeitsfeldern. Im Harz versuchte er – wenn auch vergebens – den Bergbau zu verbessern. Er ließ eine horizontale Windmühle bauen, die kläglich scheiterte [und], wie man heute weiß, scheitern musste. Er machte Pläne für Festungsanlagen und dachte sich ein Gewehr aus, mit dem man schnell hintereinander mehrere Schüsse abgeben könnte, also eine Vorform des Maschinengewehrs. Seine Zeit war nun mal begeistert von den neuen Wissenschaften und versuchte, sie umgehend auch in die Tat umzusetzen. So bemerkt Hirsch:
"Nach der rationalistischen Auffassung der Zeit war für Leibniz die Idee alles und die mechanische Ausführung fast selbstverständlich. Einen Widerstand der Materie, also der Praxis, kann es eben, wenn alles logisch erdacht ist, kaum geben."
Für sich selbst entwickelte Leibniz einen gefederten Sitz, auf dem er in seiner Kutsche bei seinen unzähligen Reisen als Pendler zwischen Paris, London, Hannover, Berlin, Wien etc. etwas bequemer sitzen konnte, [... das Reisen war nämlich] im 17. Jahrhundert auch für Privilegierte eigentlich kein Vergnügen. Hirsch schreibt:
"Auch auf dem besten Pflaster wurden die Knochen der Passagiere durchgerüttelt, denn die Karosse saß damals immer starr auf der Achse auf, nur das Sitzpolster gab etwas Federung. Waren die Straßen ganz schlecht, so geriet das Reisen zwischen den schweren eisenbereiften Rädern zur Tortur. Wenigstens war der Wagen von Hofrat Leibniz bis auf die Fensteröffnungen geschlossen, vor Regen und Schnee konnten die Reisenden, in Pelzdecken gehüllt, also einigermaßen sicher sein, nur der Kutscher nicht."

Auch ökonomische Betätigung

Insgesamt erfolgreicher war Leibniz weniger in technischen Bereichen als in ökonomischen. Nach langen Bemühungen gelang es ihm, in Berlin eine Akademie der Wissenschaften zu gründen. Angesichts notorisch klammer Staatskassen musste sie sich aber selber finanzieren, unter anderem damit, dass sie – eine Idee von Leibniz – das Monopol für die Produktion von Kalendern erhielt, was in der Tat Geld in die Akademiekasse brachte, obgleich die Konkurrenz von staatlicher Seite nicht ausgeschaltet wurde. Er dachte sich auch eine Feuer- und Hochwasserversicherung aus. Hirsch:
"Wenn er auch die Gründung einer öffentlichen Anstalt nicht durchsetzen konnte, so hat er doch als Mathematiker Grundlagen des Versicherungswesens und der Betriebswirtschaft – etwa der heutigen Investitionstheorie – formuliert. Obwohl er leider nicht alles veröffentlicht hat, muss man ihn zu den bahnbrechenden Pionieren auch der Wirtschaftswissenschaft zählen."
Innovativ wirkte Leibniz auch in den noch nicht existierenden Geschichtswissenschaften. Er sammelte in ganz Europa in Archiven Urkunden und Dokumente und gab sie heraus. Vor allem aber arbeitete er jahrzehntelang an einer Geschichte des alten Adelsgeschlechtes der Welfen, zu der ihn die Fürsten von Hannover beauftragt hatten – die Hauptaufgabe in seiner dortigen Stelle als Hofrat, von der er sein Leben lang lebte.
Er wendete dabei Methoden der Quellenforschung an, wie sie erst im 20. Jahrhundert in den Geschichtswissenschaften jenseits von Leibniz' Arbeiten Einzug halten werden. Allerdings brachte ihm die Welfengeschichte auch jede Menge Ärger ein, benutzte er diese Arbeit häufig als Ausrede, um auf Reisen zu sein. Natürlich musste er die Dokumente aus vielen Archiven zusammentragen. Dass er lange Jahre nichts Vorzeigbares vorlegen konnte, ja, dass er sie nie

vollenden wird, lag allerdings auch daran, dass er sich um andere Angelegenheiten kümmerte. So schreibt Hirsch:
"Die Welfengeschichte war trotzdem weitgehend fertig, als er sich zum Sterben legte. Es fehlte nur manches am wissenschaftlichen Apparat. Erstaunlich, wie knapp er auch dieses Lebensziel verfehlte, es ist fast wie bei der Rechenmaschine. Alle Arbeit war damit vergeblich."

Den letzten Satz dieses Hirsch-Zitates halte ich nicht für gerechtfertigt.

Traum, Berater der Mächtigen zu sein

Das gilt insbesondere für seine politischen Tätigkeiten. Von Jugend an [und vor allem] nach seiner rechtswissenschaftlichen Promotion an der Nürnberger Universität im nahegelegenen Altdorf träumte er davon, Berater von Fürsten, Königen und Kaisern zu werden. Zunächst ließ er sich an den Hof des Kurfürsten von Mainz vermitteln, schreibt eine Denkschrift, in der er vorschlägt, den französischen König davon abzubringen, die Niederlande anzugreifen und das deutsche Reich zu bedrohen, indem man Ludwig XIV. nahelegt, in Ägypten das osmanische Reich, das gerade Wien bedroht, in einen Krieg zu verwickeln. Noch Napoleon wird bei seinem Ägypten-Feldzug daran erinnern. So gelangte er nach Paris, wo ihm aber nach einiger Zeit das Geld ausging, sodass er die Stelle des Hofrats am Hof von Hannover annehmen musste, um die er sich erfolgreich beworben hatte, die er aber unbedingt vermeiden wollte. Hirsch schreibt:
"Die Fürsten zu lenken, das war allerdings das Ideal vieler theoretischer Köpfe. Denn in der Figur des Beraters verbindet sich beides, der Rationalismus der Zeit mit den Vorstellungen von der absoluten Macht des Herrschers."

Doch die Macht der Herrscher war gar nicht so wirksam. Deren Zusagen wurden häufig von der Bürokratie einfach nicht ausgeführt. Um von Hannover wegzukommen, bemühte sich Leibniz unter anderem um Anstellungen am Hof des brandenburgischen Kurfürsten, der sich 1701 zum König von Preußen krönen lässt, und in Wien am Hof des Kaisers.

"Die Bedingungen seiner gesicherten Existenz am herzoglichen Hof zu Hannover wären für ein stilles und konzentriertes wissenschaftliches Arbeiten ideal gewesen, hatte er doch ungewöhnlich viele Freiheiten. Aber er wollte auch bei Debatten mitreden. Und dazu war Hannover gewiss kein geeigneter Ort."

Zwar kennt Leibniz die meisten großen Gelehrten seiner Zeit, sein Hauptaugenmerk bleibt auf die Politik gerichtet. Er begegnete dem Zaren Peter dem Großen und schrieb zahlreiche Denkschriften mit Vorschlägen zur Entwicklung Russlands.

Diese beachtete man indes so wenig, wie Leibniz zwar formell angestellt und die von ihm vorgeschlagene Gründung einer russischen Akademie der Wissenschaften angenommen wurde. Doch nichts setzte man in die Tat um, nie erhielt er das verabredete Salär.

Sogar Kontaktversuch zum chinesischen Kaiser

Sogar mit dem chinesischen Kaiser versuchte er Kontakt aufzunehmen. Seine Schreiben blieben indes unbeantwortet. Obgleich der Stil der Biografie stellenweise ein wenig gekünstelt wirkt, beschreibt Hirsch vor einem knapp, aber ausreichend dargestellten Hintergrund der historischen Entwicklung sehr lebendig das Leben an den Höfen, baut er gelegentlich auch Spannung auf, sodass man einen inspirierenden Einblick in die damaligen politischen Verhältnisse gewinnt. Hirsch stellt fest:

"Paris, London und Wien – die hektische Suche nach Anstellungen und Einfluss nahm in Leibniz' letzten Jahren noch zu. Sprunghaft und unstet wirkt es, wenn er immer neue Vorsätze fasst. Und es zeugt von Selbstüberschätzung, wenn er sich vorzumachen scheint, all die erstrebten Ehrungen und Ämter könne er zugleich ausfüllen: wirklicher Reichshofrat, persönlicher Berater des Kaisers, Pendeldiplomat zwischen den Höfen Englands und des Reiches, britischer Hofhistoriograf und Berater des Zaren. Nebenbei will er noch die Hausgeschichte der Welfen zu Ende bringen und seine Rechenmaschine vollenden, sogar die wissenschaftliche Korrespondenz und die Reisen gehen fast unvermindert weiter. Wir sehen einen Menschen vor uns, der orientierungslos wirkt, der getrieben wird von der Hoffnung auf Wirksamkeit und Einkünfte und der von einer unstillbaren Sehnsucht nach Anerkennung erfüllt ist, ohne dass wir sehen können, woran ihm wirklich liegt."

In den letzten Jahren kämpfte er zumeist vergeblich um durchaus zugesagte Einkünfte und zwar so penetrant, dass ihn der Kaiser in Wien gar nicht mehr empfing, [dabei] hatte dieser ihn eine Weile durchaus geschätzt. Dabei handelte es sich bei Leibniz um keinen Armen.

"Allein die Nebeneinnahmen eines hohen Beamten wie Leibniz betrugen in zwei oder drei Jahren mehr als das Grundgehalt des kleinen Beamten während seines ganzen 40-jährigen Berufslebens zusammen."

Das zeigt sich auch in einer mutmaßlichen Affäre, die der alternde Leibniz hatte, [ihm] darf man wahrscheinlich homophile Neigungen nachsagen. Hirsch schreibt:

"In Wien, wo er das Liebespaar Prinz Eugen und Bonneval erlebte, hat er wohl eine heftige Sympathie für John Ker of Kersland gefühlt, der 40 Jahre alt, also 27 Jahre jünger als Leibniz war. Als beide Männer voneinander Abschied nahmen, so formulierte es der

schottische Edelmann später diskret in seinen Memoiren, habe er bei Leibniz deutliche Zeichen der Zuneigung und der Wertschätzung gespürt. Und später habe er festgestellt, dass Leibniz heimlich seine Wiener Schulden beglichen hatte."
Dabei handelt es sich um einen Betrag, der heute circa 50.000 Euro entspricht. Liebesbeziehungen zu Frauen sind nicht bekannt. Doch er war enger persönlicher Berater der Kurfürstenwitwe Sophie in Hannover und der brandenburgischen Kurfürstin Charlotte Sophie, der späteren preußischen Königin, die er häufig in ihrem Schloss im heutigen Charlottenburg bei Berlin aufsuchte. Von dort berichtet Leibniz an Sophie in Hannover:
"'Da man in Lietzenburg normalerweise erst um ein oder zwei Uhr in der Nacht zu Bett geht, habe ich seit vier oder fünf Tagen nur jeweils vier Stunden geschlafen.' Aber die Gelegenheit, die Kurfürstin zu sehen, meinte er, lohne jede Unbequemlichkeit."

Gewisser Erfolg bei der Heiratsvermittlung

Einen gewissen Erfolg kann man ihm auch bei der Vermittlung von Hochzeiten im Hochadel zuschreiben, und [man er erkennt diesen Erfolg] vielleicht auch daran, dass der Kurfürst von Hannover englischer König wurde. Doch seine Bemühungen wirkten dabei häufig dilettantisch, voreilig und waren manchmal kontraproduktiv. Als seine verehrte Kurfürstin Sophie zunächst noch englische Thronanwärterin war, preschte er dort mehrfach mit Initiativen vor, die der Popularität der Welfin in England schadeten. So kommt Hirsch zum Resümee:
"Sein Stern leuchtete unter den Gelehrten, nicht in der hannoverschen Regierung, wo er es bloß zum Referenten und Gutachter gebracht hatte. Und nicht bei Hofe, wo er ein Außenseiter geblieben war, einer mit falschem Adelstitel, isoliert und mit beunruhigendem

169

Tatendrang, beargwöhnt von seinem Fürsten, beschützt nur von der alten Kurfürstin Sophie, am Ende allein. Für die meisten Menschen war er ein fast weltfremder Gelehrter, den man an seiner dunklen, zu langen Perücke erkannte und an der bestickten Kleidung, die ihm nicht stand."

Hirsch schildert in seiner sehr empfehlenswerten Biografie Leibniz' Leben und Werk ausführlich und ins Detail verliebt, theoretisch aber nicht zu anspruchsvoll, sodass sie für den Laien gut nachvollziehbar bleibt.

Buchinfos: *Eike Christian Hirsch: "Der berühmte Herr Leibniz – Eine Biografie", mit 60 farbigen Abbildungen, überarbeitete Neuauflage, C.H. Beck, München 2016, gebunden, 659 Seiten, Preis: 29,95 Euro*

<u>Fußnote:</u>
<u>(1)</u> Titel der gedruckten Version der Rezension: <u>*Gottfried Wilhelm Leibniz: Philosoph, Naturwissenschaftler und Heiratsvermittler*</u>.

Spuren Leibnizens in Hannover

Die beiden Leibniz-Häuser

Das ursprüngliche, originale Leibniz-Haus überlebte den Zweiten Weltkrieg nicht. Unter Verwendung von Gebäuderesten des alten Hauses (das an der Schmiedestraße stand) wurde an anderer Stelle, und zwar am Holzmarkt, ein neues Leibniz-Haus errichtet. Ich zitiere die Geschichte beider Häuser aus einem Flyer (mit 6 Fotos), den das heutige Leibniz-Haus herausgegeben hat:

Das genaue Jahr der Erbauung des Hauses in der Schmiedestraße 10 ist nicht bekannt, sicher ist jedoch, dass es aus dem 14. Jahrhundert stammt. Anhand der überlieferten Schossregister (städtische Steuerregister) lassen sich seit dem Ende des 15. Jahrhunderts beinahe lückenlos die Besitzer nachweisen. In der Zeit von 1499 bis 1625 befand sich das Haus im Besitz der Familie von Sode. Später ging es an die Familie von Lühde über. Die schmuckvoll verzierte Fassade wurde bereits kurz nach dem Erwerb durch die Familie von Lühde 1652 aufwändig umgestaltet, der repräsentative Charakter blieb jedoch unverändert. Im Jahre 1698 ließ Kurfürst Georg Ludwig einige Räume im Haus der Familie von Lühde anmieten, um dort Wohnräume und die kurfürstliche Bibliothek einzurichten. Am 29. September desselben Jahres zog Leibniz aus der Leinstraße, wo auch die Bibliothek untergebracht war, in die Schmiedestraße.
Eine Kopfsteuerbeschreibung aus dem Jahr 1689 besagt, dass zu dieser Zeit elf Menschen in dem Hauses gewohnt haben, unter ihnen

auch einige Mitglieder der Familie von Lühde. Ein genaueres Bild über die Raumaufteilung, besonders über die Räume, die Leibniz bewohnte, erhält man durch eine von Günter Scheel angefertigte Inventarliste, die nach Leibniz' Tod am 14. November 1716 zur Erfassung aller der königlichen Bibliothek zugehörigen Bücher angefertigt wurde. Über die Einrichtung seiner Räume oder die Qualität des Wohnens ist so gut wie nichts bekannt, lediglich einige wenige Hinweise auf das Mobiliar existieren. Demnach ließ sich Leibniz für seine zahlreichen Notizzettel eigens einen Schrank bauen.

1719 zog die königliche Bibliothek in das neu errichtete Archivgebäude am heutigen Waterlooplatz um. Nach Leibniz' Tod wurde seinem Wohn- und Sterbehaus keinerlei Aufmerksamkeit geschenkt. Dies änderte sich in der ersten Hälfte des 19. Jahrhunderts. Im Jahre 1840 wurde das Haus auf einem hannoverschen Stadtplan als Besonderheit ausgewiesen. König Ernst August von Hannover, der sich für das Haus mit der geschichtsträchtigen Vergangenheit einsetzte, ließ es 1844 für 27.000 Reichstaler in Gold kaufen und die Fassade reinigen. Eine Tafel wurde angebracht, die das Haus als Wohn- und Sterbehaus von Gottfried Wilhelm Leibniz auswies. 1866 wurde es Eigentum des preußischen Staates, 1893 schließlich Museum des Kunstgewerbevereins. Ein Raum im Haus wurde Leibniz gewidmet. Mit einigen Möbeln sowie historischen Gegenständen wurde das Zimmer seinem Wohn- und Sterbezimmer nachempfunden. 1943 wurde das Leibnizhaus bei einem Bombenangriff zerstört, einige Reliefs der Fassade konnten jedoch gerettet werden. 1964 entschloss sich die Landeshauptstadt, die Überreste des Hauses abzureißen. An seiner Stelle steht heute ein Parkhaus mit einem Hinweisschild auf Leibniz und eine weitere berühmte Persönlichkeit, die mit diesem Haus in Verbindung steht: Im Jahre 1759 kam hier nämlich der Schauspieler, Dramatiker und Theaterdirektor August Wilhelm Iffland (1759-1814) zur Welt.

Anlässlich des ersten internationalen Leibnizkongresses im Jahre 1966 in Hannover wurden die Stimmen für einen Wiederaufbau des Leibnizhauses immer lauter. 1981 begannen schließlich die Bauarbeiten, zwei Jahre später war der Bau mit der originalgetreuen Fassade fertig gestellt.

Heute nutzen die hannoverschen Hochschulen das Leibnizhaus mit den benachbarten Häusern als Gäste- und Veranstaltungsort. Die Leibniz-Universität verwaltet das Gebäude. Im Eingangsbereich ist eine kleine Leibniz-Ausstellung zu sehen. Neben Porträts und einigen Reproduktionen von Leibniz-Handschriften befindet sich dort ein Nachbau der Rechenmaschine aus den 1950erJahren, Leibniz' Reise-Klappsessel, ein Modell des Leibnizhauses sowie ein Abguss von Leibniz' vermutlichem Schädel.

Besichtigungen sind auf Anfrage möglich.

<u>*Kontakt:*</u> *Geschäftsstelle Leibnishaus – Leibniz Universität Hannover, Holzmarkt 4-6, 30159 Hannover, Tel. 0511-762-4450. Anfahrt: Stadtbahnlinien 3,7,9 bis Station Markthalle.*

Leibniz und das Leineschloss (= heutiger Niedersächsischer Landtag)

Ich zitiere hierzu einen vom Landtag herausgegebenen Flyer, der auch einiges zur Geschichte des Gebäudes mitteilt:

[Leibniz bezog ...] als Nachfolger des herzoglichen Bibliothekars Tobias Fleischer die Bibliotheksräume im Schloss, die ihm sowohl als Wohn- als auch als Arbeitsstätte dienten. Zu diesem Zeitpunkt zählte die Bibliothek 3310 Bände und 158 Handschriften. Die in den darauffolgenden Jahren umfassende Erweiterung der herzogli-

chen Bibliothek war das Werk von Leibniz. 1688 wurden die Bibliothek und die Einrichtung seiner Wohnung wegen umfangreicher Baumaßnahmen in ein anderes Haus in der Leinstraße, später in die Schmiedestraße umquartiert. Leibniz machte für den neu zu konzipierenden Rittersaal im Schloss mehrere zeichnerische Entwürfe zur Anordnung der Deckengemälde mit den Porträts der welfischen Fürstenfamilie. Als Kurfürst Georg Ludwig im Jahre 1714 als Georg I. den Königsthron von Großbritannien und Irland bestieg und die englisch-hannoversche Personalunion begründete, wurde Hannover zur Residenz ohne Regenten. Am Leineschloss änderte sich in den folgenden 123 Jahren kaum etwas. Erst die gesteigerte Bedeutung des Königreichs Hannover seit dem Wiener Kongress machte die repräsentative Herrichtung des Leineschlosses wieder notwendig, die von dem Hofbaumeister Georg Ludwig Friedrich Laves umgesetzt wurde. Während des 19. Jahrhunderts wurden einige bauliche Veränderungen und Erweiterungen am Schloss vorgenommen. Seitdem wurde es in unterschiedlicher Weise genutzt. Am 26. Juli 1943 wurde das Leineschloss bei einem amerikanischen Bombenangriff bis auf Teile der Fassade vollständig zerstört. Von 1957 bis 1962 wurde ein Neubau nach Plänen des hannoverschen Architekten Dieter Oesterlen errichtet und am 11. September 1967 als Parlamentsgebäude des Niedersächsischen Landtags feierlich eingeweiht. Der ehemalige Repräsentationssaal heißt seit 2005 offiziell „Leibniz-Saal". Er ist öffentlich nicht zugänglich, jedoch können auf Anfrage Gruppenführungen vereinbart werden Auf einem modern gestalteten Tryptichon im Leibniz-Saal werden die wichtigsten Stationen des heutigen Bundeslandes Niedersachsen dargestellt. Zu sehen sind dort weiterhin eine Reproduktion des „Act of Settlement", der welfischen Sukzessionsurkunde, der Leibnizschen Entwürfe für die Gestaltung des Rittersaales sowie eine von Laves im 19. Jahrhundert für den Rittersaal in Auftrag gegebene Kopie eines

Deckengemäldes mit dem Porträt Herzog Georg Wilhelms von Lüneburg (Celle) [1] *und schließlich eine Kopie einer von dem hannoverschen Bildhauer Johann Gottfried Schmidt um 1788 geschaffenen Leibniz-Büste. Im Foyer erläutern Schautafeln den ursprünglichen Grundriss und die verschiedenen baulichen Veränderungen. Kontakt: Niedersächsischer Landtag, Hinrich-Wilhelm-Kopf-Platz 1, 30159 Hannover, Tel. 0511-3030-0. Internet: landtag-niedersachsen.de. Gruppenführungen nur auf Anfrage. Stadtbahnlinien 3,7,9 bis Station Markthalle/Niedersächsischer Landtag.*

Im Juni 2014 berichtete die hiesige Lokalzeitung **(2)** über den Fortgang der Landtagssanierung und teilte dabei einiges zur Geschichte des Gebäudes und zum Konzept des Umbaus mit:

Der 2014 begonnene Umbau des denkmalgeschützten niedersächsischen Landtags in Hannover kommt gut voran. […] Insgesamt zeigte sich der Hausherr [= Landtagspräsident Bernd Busemann] zufrieden mit dem Stand des Umbaus des 1962 eröffneten dunklen Betonkastens neben dem historischen Leineschloss. […] Die größte Neuerung zeichnet sich schon jetzt im Rohbau ab: Die Abgeordneten tagen künftig mit viel Tageslicht und können bei den Sitzungen durch große Fenster nach draußen schauen – und von dort aus gesehen werden. Im ursprünglichen Plenarsaal hatten auf Wunsch der Nachkriegsparlamentarier Ausblicke nach außen gefehlt. Man hatte wohl unter sich bleiben wollen. Auch der derzeitige Ausweichsaal am nahen Marktplatz ist in Kunstlicht getaucht. Nun sollen große Fenster und Glasdächer auch für die Transparenz des Hohen Hauses gegenüber den Bürgern stehen. Diese können auf zwei Tribünen den Abgeordneten bei der Arbeit zuschauen: 261 Besucher und 30 Journalisten sollen hier Platz finden.

In dem Ausstellungskatalog „Als die Royals aus Hannover kamen"
(Hg.: Katja Lembke) sind auf Seite 315 vier historische Bilder (mit
Erläuterungen) abgebildet, die einiges zur Geschichte des Leineschlosses mitteilen. Neben dem Gemälde „Brand des Leineschlosses
1741" ist zu lesen:

*Während der Personalunion wurde das als „Residenz ohne Regen-
ten" bezeichnete Leineschloss in Hannover verhältnismäßig selten
vom Monarchen genutzt. Es diente zu dieser Zeit vor allem als Sitz
der obersten Landesbehörden. Im April 1741 zerstörte ein Brand
den Kammerflügel des Schlosses. Georg II. zeigte großes Interesse
am Wiederaufbau und übertrug die Verantwortung seinem Oberhof-
baudirektor Friedrich Karl von Hardenberg.*

Im Februar 2017 war in der hiesigen Lokalzeitung über den Fortschritt der Landtagsrenovierung Folgendes zu lesen (wobei man
interessante Einblicke in die Planung und Finanzierung öffentlicher
Baumaßnahmen erhält):

*Niedersachsens Landtag wird voraussichtlich zu seiner November-
sitzungswoche in den komplett renovierten Plenarsaal am Leineufer
zurückkehren. Das kündigten Landtagspräsident Bernd Busemann
(CDU) und Finanzminister Peter-Jürgen Schneider (SPD) am Montag auf der Baustelle an.*
*Bereits für den 27. Oktober peilt Busemann eine feierliche Eröff-
nung des Landtags durch den künftigen Bundespräsidenten Frank-
Walter Steinmeier (SPD) an. [...] Später im Herbst sollen die Bürger die Möglichkeit zur Besichtigung bekommen. [...]*
*Der Umbau des denkmalgeschützten Saales hatte sich durch Ärger
mit der beauftragten Lüftungsfirma verzögert. Dem zum Bauriesen
Bilfinger gehörenden Unternehmen war der Auftrag entzogen worden, nachdem es auf der Baustelle nicht recht vorangegangen war.*

Nach Angaben von Schneider und Busemann kostete die Verzögerung dreieinhalb Monate und 3,5 Millionen Euro. Man wolle sich das Geld von der Firma, „die uns die Mehrkosten eingebrockt hat, wiederholen", kündigte Busemann an. Es gehe auch darum, ein „Exempel zu statuieren". „Wir sind uns einig, dass sich die öffentliche Hand nicht erpressen lassen darf", sagte Schneider.

Beide Politiker kündigten an, Schadensersatz von der Lüftungsfirma zu fordern. Nach Aussagen von Busemann und Schneider hatte das Unternehmen mit zögerlicher Arbeitsausführung die nachfolgenden Gewerke aufgehalten. Besonders im Plenarsaal, der über eine Anlage unter dem Boden belüftet werden sollte, ruhte die Arbeit. Für eine Beschleunigung der Arbeit hatte die Firma nach Informationen unserer Zeitung 750 000 Euro extra gefordert. Daraufhin kündigte das Land dem Unternehmen. Beide Politiker gaben sich kämpferisch, dass sie sich nicht mit schnellen Vergleichen abspeisen lassen wollen.

Ursprünglich waren für den Umbau des von Architekt Dieter Oesterlen entworfenen Nachkriegs-Plenarsaals am historischen Leineschloss 52,8 Millionen Euro kalkuliert worden.

Neben den Kosten für den Bauverzug wurden zusätzlich noch 1,5 Millionen Euro für eine aufwendige Sanierung von Betonplatten sowie 400 000 Euro für einen barrierefreien Zugang für Rollstuhlfahrer fällig. Damit summieren sich die Zusatzkosten auf der 11271 Quadratmeter großen Baustelle bislang auf 5,4 Millionen Euro. Das Land hatte einen Risikopuffer für ungeplante Ausgaben in Höhe von 7,2 Millionen Euro vorgesehen.

Die erste große Bewährungsprobe dürfte der neue Landtag am 14. Januar 2018 haben, wenn Medien aus ganz Deutschland von der Landtagswahl in Niedersachsen berichten. Der seit 2014 genutzte Interimsplenarsaal an Hannovers Marktkirche soll nach dem Auszug der Abgeordneten als Veranstaltungsort dienen. **(3)**

<u>Fußnoten:</u>

(1) Im Internet wird unter dem Stichwort „Celler Schloss" mitgeteilt:

Das älteste Gebäude Celles gilt als eines der schönsten Welfenschlösser Norddeutschlands. 1318 erstmals erwähnt, wurde im Lauf der Jahrhunderte aus der einfachen Burg die prächtige Residenz der Herzöge von Braunschweig-Lüneburg. Die Vierflügelanlage lässt außen wie innen Stilelemente der Gotik, der Renaissance und des Barock erkennen.

Mit dem Tod seines letzten Herzogs Georg Wilhelm 1705 verlor Celle die Residenzfunktion. Es wurde nun von Hannover aus regiert. Von 1772 bis 1775 stand das Celler Schloss der geschiedenen dänischen Königin Caroline Mathilde als Exilsitz zur Verfügung. Nach Ende der Personalunion 1837 wurde es durch Georg Friedrich Laves (1788 – 1864), den Baumeister der Könige von Hannover, als Sommersitz und Nebenresidenz architektonisch aufgewertet unter anderem durch den Bau eines beeindruckenden Treppenhauses an der Hofseite des Ostflügels. (Siehe dort ausführlicher. – Caroline Mathilde war eine Schwester des englischen Königs Georg III. und wurde die Geliebte des Reformers am dänischen Königshof, Johann Friedrich Struensee. Dieser wurde wegen seines ehebrecherischen Verhältnisses zur Königin und wegen seiner übereilten Reformen hingerichtet. Siehe dazu ein im Fernsehen gezeigtes Dokudrama. Georg III. drohte zeitweise, die englische Flotte werde Kopenhagen beschießen, wenn man seine Schwester nicht besser behandele.)

(2) Klaus Wieschemeyer: Landtagssanierung liegt gut im Plan. Grafschafter Nachrichten, 22. Juni 2016, S. 25.

(3) Klaus Wieschemeyer: Landtag soll im November umziehen. Bauverzug kostet Steuerzahler 3,5 Millionen Euro – Land will Lüftungsfirma verklagen. Grafschafter Nachrichten, 28. Febr. 2017, S. 8. Busemann und Schneider sind in dem Artikel abgebildet, hinter ihnen die Baustelle des neuen Plenarsaals.

Die sehr fragliche Echtheit des angeblichen „Leibniz-Grabes"

Eike Christian Hirsch kommt in einer detaillierten Untersuchung von knapp 50 Seiten **(1)** zu dem Ergebnis, dass es sich bei der Grabstelle, die in der Neustädter Kirche in Hannover als das Grab des Philosophen gezeigt wird (– die Grabplatte ist auch mit seinem Namen beschriftet), aller Wahrscheinlichkeit nach nicht um seines handelt. Hirsch schreibt:

Am meisten spricht gegen die Identität des Grabes aber [neben weiteren Argumenten, JGR] *die allgemeine Unkenntnis, die herrschte, als man um 1785 die Grabstelle bestimmen wollte und eine neue Tradition schuf, die vielleicht nicht die alte war. Da wusste niemand mehr sicher, unter welcher Steinplatte Leibniz wohl liegen mochte. Die Suche von* [Johann Heinrich] *Voß rund zehn Jahre zuvor (spätestens 1779) ist dafür ein Beleg. Die Gemeindemitglieder (Pastoren, Honoratioren, Küster) standen unter dem Erfolgsdruck der gebildeten Öffentlichkeit – die von einem neuen Geniekult und erwachten deutschen Nationalgefühl angestachelt wurde – und wollten gewiss etwas Würdiges als Grabstelle vorweisen können. Die Ratlosigkeit mag am Anfang groß gewesen sein, dann aber hat man sich entschieden. Dem Reisenden Benecke wurde schon dieselbe Stelle gezeigt, die drei Jahre später mit der Inschrift versehen wurde. Möglicherweise hat man vor 1779 auch Voß dieselbe Grabstelle schon gezeigt, falls sich schon zu dieser Zeit das gebildet hatte, was ich „die neue Tradition" nennen möchte. Es ist mir wahrscheinlich, dass man bei der Begründung dieser Tradition lieber einen Irrtum in Kauf nehmen als die eigene Unkenntnis eingestehen wollte. (S. 41)*

Der diesem Zitat erwähnte Dichter Johann Heinrich Voß – damals noch ein unbekannter Student – hatte in einem Gedicht seine Enttäuschung darüber zum Ausdruck gebracht, dass man ihm bei einem Besuch in Hannover erst nach einigen Hindernissen das angebliche Leibniz-Grab zeigen konnte. Das Gedicht mit dem Titel „Leibnizens Grab" lautet folgendermaßen:

Wo, von den Seinigen verkannt, /// Leibniz, wie Kästner rühmt, sein Brot in Ehren fand: /// In jener Stadt des feineren Cheruskers /// Ging einst ein Fremdling [– nämlich der Dichter selber, JGR], um, mit gläubigem Vertraun, /// Leibnizens Denkmal wo zu schaun, /// Dem, für die Nachwelt, Kunst des Griechen oder Tuskers /// Den Dank der Nachwelt eingehaun. /// Vergebens fragt er die Minister, /// Und alle Räth, und alle Priester; /// Sie sahn ihn an und schwiegen düster. /// Selbst das lebendige Register /// Der Seltenheiten, selbst der Küster /// Sprach: Was weiss ich von dem ungläubigen Filister? /// Zuletzt erscheint der Mann, der seines Lehrers Sarg /// Einsam um Mitternacht begleitet, /// (Ein alter Jude wars!) und leitet /// Ihn zu der öden Gruft, die dich, o Leibniz, barg. **(2)**

Wenchao Li liefert in seiner Broschüre „Ein Weltbürger und seine Wahlheimat" ausführliche Informationen zu dem in dem Gedicht erwähnten „alten Juden" (er hieß Raphael Levi und war ein *„erfolgreicher und anscheinend vielseitiger Gelehrter und Aufklärer";* ein Bild von ihm ist abgedruckt) und zu Kästner; und er zitiert zu dem Stichwort „ungläubiger Filister" die interessante Aussage eines Zeitgenossen:

„*[Leibniz] bekannte sich zur Evangelischen Religion, ging aber wenig oder gar nicht in die Kirche* […]. *Die gemeinen Leute hießen ihn daher insgemein auf Plattdeutsch Lövenix* **[3]**, *welches <u>qui ne croit rien</u> heiset".* (S. 10)

Zu der Zeile „Einsam um Mitternacht begleitet" hat jemand, der es anscheinend genau wusste, angemerkt: *„Einsam um Mitternacht ist*

Leibniz nicht begraben worden, wohl aber mit geringem Gefolge."
(Li, S. 14)

Hirsch weist in seinem Aufsatz darauf hin, dass ein nächtliches Begräbnis in der Kirche – begleitet von Fackelträgern – in der feudalen Zeit das Vorrecht hochgestellter Persönlichkeiten war. Man habe Leibniz also anscheinend diese spezielle Ehre erwiesen.
Dass Leibniz „wenig oder gar nicht" in die Kirche ging, muss nicht als ein Zeichen seiner Glaubenslosigkeit gedeutet werden. Er hatte wohl das Bedürfnis, seine Zeit für Dinge zu verwenden, die ihm stärker am Herzen lagen: das Philosophieren, Briefeschreiben etc.
Auch der fromme Puritaner John Milton, Verfasser des „Verlorenen Paradieses", soll wenig in die Kirche gegangen sein.

<u>Fußnoten:</u>
(1) Eike Christian Hirsch: Leibniz, die Geschichte seines Grabes. Unveröffentlichtes Manuskript. (Helmut Konietzny stellte es mir leihweise zur Verfügung, wofür ich ihm dankbar bin.) – Siehe zu Leibnizens Sterben und die Geschichte seines Grabes auch sehr ausführlich Thomas Sonar: Der Tod des Gottfried Wilhelm Leibniz. Wahrheit und Legende im Licht der Quellen. Abhandlungen der Braunschweigischen wissenschaftlichen Gesellschaft, Band 59, 2007, S. 161-201. (Auch im Internet zu lesen)
(2) Zitiert nach Wenchao Li, Ein Weltbürger und seine Wahlheimat, S. 9. – Johann Heinrich Voß (1751-1826) war „Sohn eines armen Pächters [...] Bis heute gültig als Homer-Übersetzer, sorgfältig bemüht um Wahrung von Metrum, Wort und Sinn. Gab dem deutschen Klassizismus eine breitwirkende Grundlage." (Gero von Wilpert, Deutsches Dichterlexikon. Kröner Taschenbuch, Band 288, 1963) In Kindlers Literatur Lexikon sind drei plattdeutsche Werke Vossens zusammengefasst.
(3) Durch Verschleifung entstanden aus „Glöwenix". Vergleiche das stumm gewordene k in englisch „know". – Wie Konietzny mir berichtete, wurde Leibniz einmal vor Beginn eines Gottesdienstes in der Neustädter Kirche vom Leibarzt des Herzogs angefahren, weil er sich auf dessen Platz in der Kirche gesetzt hatte.

Vollständige Darstellung der Leibniz-Spuren in einer Broschüre

Dieses sehr nützliche, broschierte Buch **(1)** von rund 50 Seiten (mit einer Bibliographie zu „Leibniz in Hannover" mit 44 Titeln) war zugleich Katalog einer 2004 stattgefundenen Ausstellung. Es entstand auf der Grundlage von zwei Wahlpflichtkursen der Klassen 9 und 10 der Leibnizschule Hannover und beschreibt – nach einer informativen Einleitung – die diversen Hannoveraner Leibniz-Spuren detailliert in Wort und Bild. Eingestreut in das Buch sind 20 bemerkenswerte Leibniz-Zitate.

Ich beschränke mich auf eine Wiedergabe des Inhaltsverzeichnisses:

Leibniz' Erbe [mit den Unterkapiteln:] *Das Leibnizhaus am Holzmarkt /// Schrittzähler und Barockgemälde /// Leibniz, Rechenmaschine /// Leibniz' Windkunst /// Leibniz' Wasserkunst am Großen Garten /// Leibniz, Grab in der Neustädter Kirche*

Leibniztempel [mit den Unterkapiteln:] *„Leibnitzens Monument" von 1790 /// Der Leibniztempel im Georgengarten /// Büste von Christopher Hewetson /// Büste von Johann Gottfried Schmidt*

Leibniz-Verehrung, 19./20. Jahrhundert [mit den Unterkapiteln:] *Standbild am Künstlerhaus /// Der Leibnizkeks /// Gemälde von G. Dieckmann und G. Laves /// Relief am Bürgermeisterbalkon /// Kartusche in der Rathauskuppel*

Leibniz in der Gegenwart [mit den Unterkapiteln:] *Bronzebüste von Gustav Seitz /// Büste von Helmut Gressieker /// Leibnizschule /// Das Leibnizufer /// Der Leibniz-Ring-Hannover /// Leibniz als Namenspatron heute*

Fußnote:

(1) Martin Stupperich (Red.): Leibniz in Hannover oder wo die Nachwelt Hannovers größten Bürger heute findet. Katalog zur Ausstellung 2004. Herausgegeben von der Leibnizschule Hannover (Postanschrift: Röntgenstr. 8, 30168 Hannover, Tel. 0511-168 43460). Großburgwedel: AALEXX Druck.

Bibliographie zu Leibniz

(Hinweis: Die einzelnen Titel dieser Bibliographie sind von mir zum Teil durch zusätzliche Informationen ergänzt und angereichert worden. Ich habe in diese Bibliographie auch einige Nachschlagewerke und Enzyklopädien aufgenommen, in denen man sich über Leibniz informieren kann.)

Algemene Winkler Prins Encyclopedie. Amsterdam und Brüssel: Verlag Elsevier 1958. Redaktion: H.R. Hoetink et al. (10 Bände). – Es empfiehlt sich für sprachkundige Studenten und Wissenschaftler, auch die Enzyklopädien anderer Sprachen und Nationen zu benutzen. Sie sind in den Lesesälen von Universitätsbibliotheken bzw. im Internet zu finden. In der Bibliographie meines Buches „Gestalten der englischen und hannoverschen Geschichte" habe ich die Titel einer Anzahl fremdsprachiger Enzyklopädien genannt.

Antognazza, Maria Rosa. Leibniz: An Intellectual Biography. Cambridge University Press 2012.

Antognazza, Maria Rosa. Leibniz`s last year. A cross-section commentary. In: Michael Kempe (Hg.), Leibniz` letztes Lebensjahr, S. 401-410.

Antoine, Annette und Annette von Boeticher (Hg.). Leibniz in der Schule. Materialien für den Unterricht 01: Philosophie, Ethik, Werte und Normen/Religion Bd. 1. Olms Verlag 2013.

Antoine, Annette und Annette von Boeticher. Leibniz für Kinder. Olms Verlag 2. Aufl. 2008.

Armgardt, Matthias. Die Monadologie als Vollendung der Rechtstheorie von G.W. Leibniz. In: Michael Kempe (Hg.), Leibniz` letztes Lebensjahr, S. 343 ff.

Bakewell, Sarah. Das Cafe der Existenzialisten. Freiheit, Sein & Aprikosencocktails – mit Jean-Paul Sartre, Simone de Beauvoir, Albert Camus, Martin Heidegger, Edmund Husserl, Karl Jaspers, Maurice Merleau-Ponty und anderen. C.H. Beck 2016. (Eine fesselnd geschriebene Geschichte der existenzialistischen Philosophie. Leibniz wird an einer Stelle des Buches erwähnt: *Was bedeutet es, zu sagen, dass etwas ist? Die meisten Philosophen haben diese Frage vernachlässigt. Einer der wenigen, die sie stellten, war Gottfried Wilhelm Leibniz, der es 1714 so formulierte: „Warum ist überhaupt etwas und nicht vielmehr nichts?"* – Später wurde Martin Heidegger der große Philosoph des Seins, wie Bakewell beschreibt.)

Beiderbeck, Friedrich und Stephan Waldhoff (Hg.). Pluralität der Perspektiven und Einheit der Wahrheit im Werk von G. W. Leibniz. Beiträge zu seinem philosophischen, theologischen und politischen Denken, Berlin 2011. (Herausgegeben von der Leibniz-Editionsstelle Potsdam der Berlin-Brandenburgischen Akademie)

Boetticher, Annette von. Ein Fall für Leibniz: Die Causa Sontag contra Büsing in Münder im Jahre 1678. Springer Jahrbuch 2016, S. 49 f. – In der Einführung des Bandes schreibt der Herausgeber Rolf Brings: [Leibniz wurde] *im Jahr 1676 an den Hof nach Hannover berufen. In der fürstlichen Kanzlei in Hannover durfte er in der Berufungsinstanz den Fall Sontag contra Büsing bearbeiten.* Und die Autorin schreibt in ihrem Artikel: *Bei all den herausragenden Leistungen, die Leibniz auf allen Wissensgebieten seiner Zeit vorweisen kann, vergisst man häufig seinen eigentlichen Beruf, nämlich den des Juristen.* – Der Artikel beschreibt die komplizierten, für den juristischen Laien schwer nachzuvollziehenden Winkelzüge dieses Prozesses.

Böttcher, Dirk et al. Hannoversches Biographisches Lexikon. Hannover 2002.

Brecht, Martin. Johann Valentin Andreae. In Martin Greschat (Hg.), Gestalten der Kirchengeschichte, Band 7 („Orthodoxie und Pietismus"), S. 121-135. (Der bedeutende evangelische Philosoph und Theologe Andreae, ein Zeitgenosse Leibnizens, darf als ein Mitschöpfer der Rosenkreuzer-Lehre bezeichnet werden.)

Bredekamp, Horst sowie Constanze Peres und Eberhard Knobloch (im Interview, Moderation: Alexander Kissler). Ein Held für jede Gegenwart. Cicero 8/2016, S. 18-30. – Mit folgendem Vorspann: *Ein Held für jede Gegenwart. Er kennt unsere Zeit, schaut uns ins Herz und bleibt uns voraus: ein Gespräch über Gottfried Wilhelm Leibniz, den klügsten, neugierigsten und optimistischsten Deutschen aller Zeiten.* – Das Interview hat folgende Einleitung: *Wir befinden uns im Leibniz-Jahr im Leibniz-Saal der Berlin-Brandenburgischen Akademie der Wissenschaften und reden über ein Genie. Vor 300 Jahren, am 14. November 1716, starb der Universalgelehrte Gottfried Wilhelm Leibniz in Hannover. Dort hatte der gebürtige Leipziger – laut Friedrich dem Großen „eine ganze Akademie für sich" – vier Jahrzehnte als Bibliothekar, Diplomat, Denker gewirkt. Seinem Erbe fühlen sich die Leibniz-Gemeinschaft aus 88 selbständigen Forschungseinrichtungen, die Leibniz-Gesellschaft, die Leibniz-Stiftungsprofessur in Hannover und bald das Berliner Humboldt-Forum verpflichtet, das um Haaresbreite Leibniz-Forum geheißen hätte. Über die Aktivitäten im Jubeljahr informiert leibniz-2016.de. Zur Lektüre empfiehlt sich die im Junius-Verlag neu aufgelegte Einführung von Hans Poser. Wenchao Li, Inhaber der Stiftungsprofessur, ediert im Oktober bei Wallstein den Briefwechsel mit Kurfürstin Sophie von Hannover. Mit Simona Noreik gab er nun bei Böhlau „G. W. Leibniz und der Gelehrtenhabitus: Anonymität, Pseudonymität, Camouflage" heraus. Lesenswert bleibt „Leibniz, Newton und die Erfindung der Zeit" von Thomas de Padova (Piper, 2013).*

Bredekamp, Horst. Die Fenster der Monade. Leibniz` Theater der Natur und Kunst. Akademie-Verlag 2. Auflage 2008.

Bredekamp, Horst. Leibniz und die Revolution der Gartenkunst. Herrenhausen, Versailles und die Philosophie der Blätter. Wagenbach 2012.

Breger, Herbert und Friedrich Niewöhner (Hg.). Leibniz und Niedersachsen (= Studia Leibnitiana, Sonderheft 28). Stuttgart 1999. (Siehe im Internet unter Herbert Breger weitere Veröffentlichungen zu Leibniz)

Brockhaus Enzyklopädie in 20 Bänden. (Darin das mehrseitige Stichwort „Leibniz" mit vielen Literaturangaben)

Brown, Gregory und Yual Chiek (Hg.) Leibniz on Compossibility and Possible Worlds. Berlin: Springer 2016.

Brunswig, Alfred. Leibniz. Wien u. Leipzig 1925. (antiquarisch erhältlich)

Colerus, Egmond. Leibniz. Rosa Verlag (= Nachdruck der Ausgabe von 1950).

Colerus, Egmont. Leibniz – Leben und Werk eines Universalgelehrten. Nachdruck im Paul Zsolnay Verlag, Wien und Hamburg, 1986.

Das moderne Lexikon in zwanzig Bänden. Herausgegeben vom Lexikon-Institut Bertelsmann in Zusammenarbeit mit Dr. Hans F. Müller. 1972.

Deleuze, Gilles. Die Falte. Leibniz und der Barock. Suhrkamp 6. Auflage 2009.

Die Großen Deutschen. Deutsche Biographie. (5 Bände; siehe über Leibniz Band 2, S. 9-21) Herausgegeben von Hermann Heimpel et al. Stuttgart: Europäischer Buchklub 1966

Döring, Detlef. Die Philosophie Gottfried Wilhelm Leibniz` und die Leipziger Aufklärung in der ersten Hälfte des 18. Jahrhunderts. Hirzel Verlag 1999.

dpa HANNOVER. Erfinder, Entdecker, Weltverbesserer. Wie der Gelehrte Gottfried Wilhelm Leibniz bis heute nachwirkt – Feiern zum 300. Todestag. Grafschafter Nachrichten, 14. Nov. 2016, S. 22. – Darin die folgenden bemerkenswerten Sätze: *Er sprudelte über vor Ideen und suchte Lösungen für die großen Fragen der Menschheit. [...] Zeitlebens trieb ihn ein unerschütterlicher Optimismus an. [... Er war] bis zu seinem Tode überzeugt davon, die Welt verbessern zu können. Er [...] entwickelte eine Universalsprache, um Missverständnisse zwischen den Völkern zu beenden. [...] „Seine Visionen auf unterschiedlichsten Gebieten inspirieren Wissenschaftler bis heute", sagt der Leiter des Leibniz-Archivs in Hannover, Michael Kempe. So sei kürzlich ein Software-Entwickler aus den USA angereist, um in Leibniz` Schriften Anregungen für neue Algorithmen zu finden. [...] Leibniz dachte global und suchte die Nähe zu Russland und China, um von anderen Kulturen zu lernen. [...] Seine Überlegung, dass Raum nichts Absolutes ist, verweist bereits auf Einsteins Relativitätstheorie. [...] Seine nie vollendete Geschichte der Welfen im Auftrag des Hofes begann Leibniz mit einer Abhandlung über die Entstehung der Erde. Grundlage waren auch eigene Fossilien wie ein versteinerter Mammutzahn. [...] Die Besucher [... der Ausstellung über Leibnizens letztes Lebensjahr bekommen unter anderem] Einblick in die Zettelwirtschaft des Junggesellen [...] „Er hat assoziativ gearbeitet und alles auf einmal gemacht. So kann sich auf einem einzigen Blatt [... ganz Unterschiedliches finden; Kempe nennt Beispiele]. [...] Kempe glaubt, dass weitere Überraschungen im Nachlass schlummern. „Leibniz hält Antworten bereit auf Fragen, die wir im Moment noch gar nicht stellen."* (In dem Artikel abgedruckt ist ein Holzstich mit dem Titel: „Leibniz bei der Kurfürstin von Brandenburg", nach einer Zeichnung von Theobald Freiherr von Oer. Das Bild zeigt 10 Personen – Männer und Frauen – in angeregter Unterhaltung. Leibniz, an einem

Tisch stehend, erläutert der ihm gegenüber sitzenden Kurfürstin etwas anhand eines Globus.)

Dunham, William. Mathematik von A-Z. Eine alphabetische Tour durch vier Jahrtausende. Übersetzt von Eberhard Schmitt. Berlin, Basel, Boston: Birkhäuser Verlag 1996. (Darin wird die große Bedeutung Leibnizens in der Geschichte der Mathematik ausführlich behandelt, ebenso der Streit mit Newton. – 24 Stichwörter bilden die Kapitelüberschriften dieses Buches, beginnend mit Arithmetik, Bernoulli, Crux mit dem Kreis, Differentialrechnung. Die Kapitel sind alphabetisch nach den Überschriften geordnet.)

Elbogen, Paul. Genius im Werden. Die Jugend großer Menschen. 82 Porträts. Bertelsmann Lesering, ohne Jahr. (Leibniz wird in diesem Buch nicht behandelt, wohl aber Newton und Herder. Herder war von Leibniz beeinflusst.)

Encyclopaedia Britannica (29 Bände plus 2 Indexbände und einem Band „Guide to the Britannica"). Ausgabe 1986. Siehe im Index das Stichwort „Leibniz")

Faak, Margot. Leibniz als Reichshofrat. (Hg.: Wenchao Li) Berlin: Springer Verlag.

Finster, Reinhard und van den Heuvel, Gerd. Gottfried Wilhelm Leibniz. In Selbstzeugnissen und Bilddokumenten. Rowohlt TB, 7. Auflage 2001.

Fischer-Fabian, S. Preußens Gloria. Der Aufstieg eines Staates. Köln: Anaconda Verlag 2013. (Darin über Leibniz am Hof in Berlin)

Friedell, Egon. Kulturgeschichte der Neuzeit. Deutscher Taschenbuch Verlag (dtv) 15. Auflage 2004. (2 Bände; Leibniz wird in Band 1 ausführlich behandelt; siehe auch das Namenregister in Band 2)

Gädeke, Nora. Leibniz' Korrespondenz im letzten Lebensjahr – Gerber reconsidered. In: Michael Kempe (Hg.), 1716 – Leibniz' letztes Lebensjahr, S. 83 ff.

Gerhardt, Karl I. (Hg.) Der Briefwechsel von Gottfried Wilhelm Leibniz mit Mathematikern. Hansebooks. (Reprint eines 1899 erschienenen Buches)

Grabert, W. und A. Mulot. Geschichte der deutschen Literatur. München: Bayrischer Schulbuch-Verlag, 7. Auflage 1961. (Im Kapitel „Aufklärung" ist – nach zwei einleitenden Seiten zur Geistes- und Kulturgeschichte – auf S. 138 ff. einiges über Leibniz zu lesen.)

Heer, Friedrich (Auswahl und Einleitung). Leibniz. Fischer Taschenbuch Nr. 229, 1958. (antiquarisch erhältlich)

Heer, Friedrich. Leibniz. Deutsche Buchgemeinschaft 1959. (antiquarisch erhältlich)

Heinecke, Berthold und Ingrid Kästner (Hg.). Gottfried Wilhelm Leibniz (1646-1716) und die gelehrte Welt Europas um 1700. Shaker Verlag 2013.

Heinekamp, Albert (et al.). Leibniz und Europa. Hannover 1994.

Herder, Johann Gottfried. Humanität und Erziehung. Besorgt von Clemens Menze. Paderborn: Ferdinand Schöningh Verlag 1961. (Es handelt sich hier um eine mit Kommentaren etc. versehene Studienausgabe von Herders „Journal meiner Reise von 1769". Als Anhang auch ein zwölfseitiger Aufsatz Menzes mit dem Titel: „Persönlichkeit und Werk Johann Gottfried Herders". Im Personenindex ist Leibniz zehnmal aufgeführt. Siehe auch Zusammenfassungen Herderscher Werke – darunter des „Journals" – in Kindlers Literatur Lexikon)

Heuvel, Gerd van den. Leibniz' Verhältnis zum britisch-hannoverschen Hof in seinen beiden letzten Lebensjahren. In: Michael Kempe (Hg.), 1716 – Leibniz' letztes Lebensjahr, S. 39 ff.

Hermann, Friedrich-Wilhelm von. Leibniz. Metaphysik als Monadologie. Duncker & Humblot 2015.

Hirsch, Eike Christian. Der berühmte Herr Leibniz. Eine Biographie. C.H. Beck 2007.

Hirsch, Eike Christian. Leibniz, die Geschichte seines Grabes. (Ein unveröffentlichter, sehr detaillierter Aufsatz von 47 Seiten. Erhältlich beim Verfasser E.Ch. Hirsch)

Hirsch, Eike Christian. Persönlichkeiten, die unsere Geschichte prägten. Mehrere Broschüren, herausgegeben von der VGH-Versicherung, Hannover (vgh.de). (Darunter ein Heft über Leibniz. Es ist eine Zusammenfassung von Hirschs Buch „Der berühmte Herr Leibniz")

Hirschberger, Johannes. Geschichte der Philosophie. Freiburg: Herder Verlag 13. Auflage 1991.

Höffe, Otfried. Kleine Geschichte der Philosophie. C.H. Beck 2001. (Darin ein ausführliches Kapitel über Leibniz` Philosophie)

Holz, Hans Heinz. Leibniz in der Rezeption der klassischen deutschen Philosophie. Wissenschaftliche Buchgesellschaft.

Horti, Eugen. Herrenhausen – Schönheit und Gleichnis. Bad Münder: Leibniz-Bücherwarte.

Huber, Kurt. Leibniz. Der Philosoph der universalen Harmonie. Severus Verlag 2014.

Janich, Peter (Hg.). Wissenschaftstheorie und Wissenschaftsforschung. C.H. Beck 1981.

Jaspers, Karl. Die großen Philosophen. Serie Piper Band 1002, 7. Auflage 1992. (Leibniz wird in diesem rund tausendseitigen Buch nicht behandelt, wohl aber seine ungefähren Zeitgenossen Kant und Spinoza.)

Johannsen, Christa. Leibniz – Roman seines Lebens. Berlin: Union Verlag 1966 u. 1970. (antiquarisch erhältlich)

Jolley, Nicholas. The Cambridge Companion to Leibniz. Cambridge University Press 1994.

Kanitscheider, Bernulf. Im Innern der Natur. Philosophie und moderne Physik. Darmstadt: Wissenschaftliche Buchgesellschaft 1996. (Erschienen in der Reihe "Wissenschaft im 20. Jahrhundert. Transdisziplinäre Reflexionen". Leibniz wird in dem Buch dreimal erwähnt, philosophische Thesen von ihm werden dabei skizziert und kommentiert.)

Kempe, Michael (Hg.). 1716 – Leibniz` letztes Lebensjahr. Unbekanntes zu einem bekannten Universalgelehrten (= Begleitband zu einer 2016 in der Leibniz-Bibliothek in Hannover stattgefundenen Ausstellung zu diesem Thema. Darin 14 Aufsätze von Leibniz-Forschern zu den Themenbereichen „Hintergründe und Zusammenhänge", „Mathematik und Naturwissenschaft", „Europäische Politik", „Philosophie und Mathematik" und „Recht und Geschichte". Bebildert). Hannover 2016.

Kempe, Michael (Hg.). Der Philosoph im U-Boot. Praktische Wissenschaft und Technik im Kontext von Gottfried Wilhelm Leibniz. (Siehe die Produktbeschreibung in buecher.de)

Kempe, Michael. Letzter Universalgelehrter oder erster Globaldenker? Zum Bild des späten Leibniz in der Forschung. In: Michael Kempe (Hg.), 1716 – Leibniz` letztes Lebensjahr, S. 11 ff.

Kenny, Anthony (Hg.). Illustrierte Geschichte der westlichen Philosophie. Frankfurt/New York: Campus Verlag 1995. (Darin ein mehrseitiges Kapitel über Leibniz. Das Buch ist reich bebildert. Die englische Originalausgabe „The Oxford Illustrated History of Western Philosophy" erschien 1994 bei Oxford University Press.)

Kernchen, Eberhard. Architekten und die Entwicklung der Computertechnik. Betrachtungen aus persönlicher Sicht. (Der Artikel ist im Internet lesbar. Darin einiges über Leibnizens Rolle in der Geschichte der Computertechnik.)

Kiefl, Franz Xaver. Leibniz. Mainz 1913.

Kindlers Literatur Lexikon. Deutscher Taschenbuch Verlag (dtv) 1974. (25 Bände einschließlich Index-Band. In dem Lexikon sind mehrere Werke Leibniz` zusammengefasst.)

Knobloch, Eberhard. Die Kunst, Leibniz herauszugeben. Spektrum der Wissenschaft, Sept. 2011, S. 48-57. (Dieser Artikel kann, nach Eingabe des Titels, im Internet gelesen werden.)

Knobloch, Eberhard. Krimi am Schreibtisch. Leibniz 2/2016, S. 94 f. – Darin über den Verfasser: *Eberhard Knobloch widmet sich seit mehr als 40 Jahren Gottfried Wilhelm Leibniz. Seit 1976 leitet er verschiedene Reihen der Leibniz-Edition an der Berlin-Brandenburgischen Akademie der Wissenschaften.*

Knobloch, Eberhard. Meine Tage mit Leibniz: Besondere Fundstücke. Leibniz, 01, 2017, S. 100 f. – Der Autor beschreibt in diesem kurzen Beitrag kurz und knapp die große wissenschaftshistorische Bedeutung der „längsten mathematischen Abhandlung, die Leibniz je verfasst hat" mit dem Titel „Arithmetische Quadratur des Kreises [...]" aus dem Sommer 1676. Ich zitiere:

Leibniz hoffte, mit Hilfe dieser Schrift Mitglied der Academie Royale des Sciences in Paris zu werden [...]. Nur die bedeutendsten Veröffentlichungen waren geeignet, den Weg in die Akademie zu ebnen – Leibniz zählte seine Abhandlung offensichtlich dazu.

Widrige Umstände verhinderten jedoch eine Veröffentlichung zu seinen Lebzeiten, durch die der berüchtigte Streit zwischen Newton und Leibniz vermutlich einen andern Verlauf genommen hätte. Die Wissenschaftler stritten, wer die Differentialrechnung erfunden habe. [...]

Es handelt sich um eine zusammenfassende Darstellung der Infinitesimalgeometrie: „Arithmetische Quadratur" meint die Angabe unendlicher Reihen rationaler Zahlen, die einen festen Zahlenwert haben. [... Die mathematische Gleichung für die Kreisquadratur ist wiedergegeben. JGR]

Leibnizens überragende Leistung in dieser Schrift bestand in der exakten, am Vorbild des Archimedes orientierten Grundlegung der Integrationstheorie in einer Allgemeinheit, die erst Bernhard Riemann Mitte des 19. Jahrhunderts wieder erreicht hat. Leibniz zeigte, wie mit unendlich kleinen und unendlich großen Größen in mathematisch einwandfreier Weise umzugehen ist. Er entschuldigte sich

194

geradezu für die übergroße Genauigkeit seines Vorgehens, da er als guter Didaktiker die abschreckende Wirkung eines solchen Verfahrens voraussah. Aber im Interesse der Geometrie sei diese Strenge notwendig gewesen.

Auch mich hat die Edition dieser einhundertsechzigseitigen Abhandlung große Mühe gekostet. Aber die gewonnenen Einblicke waren jede Stunde wert.

(Eine Originalseite aus der Abhandlung ist abgebildet. Knobloch berichtet in seiner Kolumne „Meine Tage mit Leibniz" in der Zeitschrift „Leibniz" regelmäßig „über seinen Alltag mit dem Universalgelehrten".)

Konietzny, Helmut. Vier Radio-Beiträge zu Leibniz. (Diese sind als Audios zu finden im Internet unter Freundeskreis Hannover/Leibniz in Hannover. Die Sendungen, die auf Radio 106,5 leinehertz liefen, haben die folgenden Titel: Leibniz` Leben und Wirken /// Die Personalunion /// Der Prioritätenstreit /// Die Binärzahlen.

Konietzny, Helmut. Als Leibniz in Hannover lebte. – Es handelt sich hier um einen Audio-Vortrag, abrufbar auf Youtube. Der Hannoveraner Leibniz-Forscher beantwortet darin einige Fragen von Benjamin Demand; dieser gehört zu einer Gruppe junger Leute in Hannover, die Interesse an Leibniz haben. Konietzny steht während des Interviews vor dem Leibniz-Denkmal am Opernplatz in Hannover. – Basierend auf seiner gründlichen Beschäftigung mit Leibnizens Biografie und Psyche, skizziert Konietzny in diesem Interview das Leben Leibnizens in Hannover, wobei er betont, dass der Philosoph sich in Hannover nach dem Tod (1679) seines ersten Arbeitgebers, Herzog Johann Friedrich, unglücklich gefühlt habe, wofür verschiedene klagende Äußerungen von ihm sowie seine ständigen Versuche sprächen, von Hannover wegzukommen. Skizziert wird in dem Interview auch die große Bedeutung Leibnizens für die Entwicklung der modernen Technik.

Korff, H.A. Geist der Goethezeit. Versuch einer ideellen Entwicklung der klassisch-romantischen Literaturgeschichte. Leipzig: Koehler & Amelang 8., unveränderte Auflage 1966. (Vier Bände plus Registerband. Im Personenindex ist Leibniz 17 mal aufgeführt.)

Krüger, Gerhard. Leibniz. Kohlhammer Verlag 1941. (antiquarisch erhältlich)

Krüger, Gerhard (Hg.). Leibniz. Die Hauptwerke. 5. Auflage 1967 (= Kröners Taschenausgabe Band 13).

Kuhn, Thomas Samuel. Die Struktur wissenschaftlicher Revolutionen. 2. Auflage Frankfurt 1976.

Leibniz, G.W. Philosophische Schriften. Hrsg. und übersetzt von Hans Heinz Holz und Herbert Herring. Band II: Die Theodizee von der Güte Gottes, der Freiheit des Menschen und dem Ursprung des Übels. Frankfurt am Main 1996.

Leibniz, G.W. Politisches Denken. Ausgewählt und kommentiert von Klaus Kremb. Marix Verlag 2016.

Leibniz, G.W. Monadologie. Französisch/Deutsch. Reclam 1998.

Leibniz, G.W. Briefe über China (1694-1716). Die Korrespondenz mit Barthelemy Des Bosses S.J. und andern Mitgliedern des Ordens. Übersetzt ins Deutsche. Herausgegeben und kommentiert von Malte-Ludolf Babin und Rita Widmaier. Verlag F. Meiner 2017.

Leibniz, G.W. Mathematik und Naturwissenschaften im Paradigma der Metaphysik. Übersetzt und herausgegeben von Hartmut Hecht. Springer Verlag 1998.

Leibniz, G.W. De quadratura arithmetica circuli ellipsos et hyperbolae. Übersetzt ins Deutsche. Herausgegeben von Eberhard Knobloch. Springer Spektrum 2016.

Leibniz, G.W. Die Theodicee. Books on Demand 2011.

Leibniz, G.W. Neue Abhandlung über den menschlichen Verstand. Books on Demand 2011.

Leibniz, G.W. Allgemeiner politischer und historischer Briefwechsel. Herausgegeben von der Leibniz-Forschungsstelle Hannover. 13. Band: August 1696 – April 1697. Akademie Verlag 2. Auflage 2010.

Leibniz, G.W. Gott – Geist – Güte. Eine Auswahl aus seinen Werken. Gütersloh 1947.

Leibniz, G.W. Hauptschriften zur Versicherungs- und Finanzmathematik. Mit Kommentaren von Eberhard Knobloch et al. Akademie-Verlag 2000.

Leibniz, G.W. Politische Schriften. Vierter Band: 1680-1692. Berlin 2001. Herausgegeben von der Leibniz-Editionsstelle Potsdam der Berlin-Brandenburgischen Akademie der Wissenschaften.

Leibniz-Gemeinschaft e.V. (Hg.). 10 Leibniz-Forscher blicken in die Zukunft. (Ein Heft von 12 Seiten, erschienen im Juni 2016, mit kurzen Artikeln von Jutta Allmendinger, Claudia Kemfert, Wolfgang Heckl, Nicole Deitelhoff, Dorothea Fiedler, Hildegard Westphal, Marcus Hasselhorn, Svetlana V. Berdyugina, Hans Joachim Schellnhuber. Erhältlich bei der Leibniz-Gemeinschaft, Tel. 030-20 60 49-0)

Leibniz-Gemeinschaft e.V. (Hg.). Die Leibniz-Gemeinschaft. (Ein Flyer von 8 Seiten, in dem sich die Gemeinschaft vorstellt. Unter anderem werden sämtliche Institute in Deutschland genannt, die der Leibniz-Gemeinschaft angehören. Siehe auch leibniz-gemeinschaft. de und bestewelten.de)

Leibniz-Gemeinschaft e.V. (Hg.). Gottfried Wilhelm Leibniz. Der letzte Universalgelehrte. (Ein Flyer von 12 Seiten)

Leibniz-Gemeinschaft e.V. (Hg.). Leibniz. Das Magazin der Leibniz-Gesellschaft. Heft 1/2016. (96 Seiten mit diversen Artikeln und Informationen)

Lexikothek. Hg.: Bertelsmann Lexikon Verlag, Gütersloh. 1976. (25 Bände, darunter 10 Bände alphabetisches Lexikon. Im Band „Technik in unserer Welt" einiges zur Geschichte der Mathematik)

Li, Wenchao (Hg.). „Das Recht kann nicht ungerecht sein …". Beiträge zu Leibniz` Philosophie der Gerechtigkeit. Franz Steiner Verlag 2015.

Li, Wenchao (Hg.). Einheit der Vernunft und Vielfalt der Sprachen. Beiträge zu Leibniz` Sprachforschung und Zeichentheorie. Franz Steiner Verlag 2014.

Li, Wenchao (Hg.). Gottfried Wilhelm Leibniz / Kurfürstin Sophie von Hannover. Briefwechsel. Übersetzt ins Deutsche. Wallstein Verlag 2016.

Li, Wenchao (Hg.). Hefte der Leibniz-Stiftungsprofessur. (Erschienen beim Wehrhahn Verlag. Erhältlich bei der Stiftungsprofessur, Tel. 0511-762 17539) – Es sind die folgenden Hefte erschienen: (Heft 1:) Wenchao Li: Leibniz aktuell an der Universität Hannover – Dokumentation der Veranstaltung anlässlich des 364. Geburtstags von G. W Leibniz am 1. Juli 2010 /// (Heft 2:) Hans Poser: Von der Theodizee zur Technodizee: Ein altes Problem in neuer Gestalt /// (Heft 3:) Wenchao Li: Ein Weltbürger und seine Wahlheimat. G.W. Leibniz in Hannover /// (Heft 4:) Wenchao Li: Theodizee und Praxis /// (Heft 5:) Rolf Wernstedt: Prominenz und Propaganda /// (Heft 6:) Ursula Goldenbaum: Voltaires Bruch mit Friedrich II. und ein angeblich gefälschter Brief von Leibniz /// (Heft 7:) Eberhard Knobloch: Galilei und Leibniz /// (Heft 8:) Gottfried Wilhelm Leibniz: Briefwechsel mit Sophie, ins Deutsche übersetzt von Gerda Utermöhlen, mit einem Nachwort von Herbert Breger /// (Heft 9:) Stefan Luckscheiter: Die erste Europa-Reise Peters des Großen im Spiegel des Leibniz-Nachlasses /// (Heft 10:) Volker Gerhardt: Theodizee nach Auschwitz. Versuch über die Wahrung des menschlichen Lebenssinns /// (Heft 11:) Nora Gädeke: Dialog mit Nachhaltigkeit. Leibniz im Gespräch mit Fürstinnen /// (Heft 12) Rüdiger Otto: Leibniz, Gottsched und die deutsche Kulturnation /// (Heft 13:) Hartmut Rudolph/Kiyoshi Sakai (Hg.): Leibniz` Ratschläge für Eheleute /// (Heft 14:) Wenchao Li: Wozu Wissenschaft? /// (Heft 15:) Wenchao Li (Hg.): Drehscheibe des Wissens – und Zierde für jede Bibliothek /// (Heft 16:) <u>Ludwig Siep</u>: Wie eurozentrisch ist die praktische Philosophie der Neuzeit?

Li, Wenchao (Hg.). Kommune und Kathedrale. Tradition, Bedeutung und Herausforderung der Leibniz-Edition. Akademie Verlag 2012.

Li, Wenchao (Hg.). Leibniz, Caroline und die Folgen der englischen Sukzession. Franz Steiner Verlag 2016.

Li, Wenchao und Schmidt-Biggemann, Wilhelm (Hg.). 300 Jahre Essais de Theodicee – Rezeption und Transformation. Franz Steiner Verlag 2013.

Li, Wenchao und Simona Noreik (Hg.). G.W. Leibniz und der Gelehrtenhabitus. Anonymität, Pseudonymität, Camouflage. Böhlau Verlag 2016.

Li, Wenchao, Beiderbeck, Friedrich und Dingel, Irene (Hg.). Umwelt und Weltgestaltung. Leibniz` politisches Denken in seiner Zeit.

Li, Wenchao, Hans Poser und Hartmut Rudolph (Hg.). Leibniz und die Ökumene. Franz Steiner Verlag 2012.

Li, Wenchao. Ein Weltbürger und seine Wahlheimat. G.W. Leibniz in Hannover. Erschienen in der Reihe „Hefte der Leibniz-Stiftungsprofessur", herausgegeben von Wenchao Li, Band 3. Wehrhahn Verlag 2012. (Hinten in dem Heft sind 16 bisher erschienene Bände der Reihe genannt.)

Li, Wenchao. Gottfried Wilhelm Leibniz und die Personalunion. (Ein 2014 in Hannover gehaltener Vortrag. Im Internet lesbar.)

Li, Wenchao. Wie Leibniz „deutsch" wurde – Nachdenken vor dem großen Leibniz-Jahr 2016. Festvortrag anlässlich des 369. Leibniz-Geburtstages am 1. Juli 2015.

Liske, Michael-Thomas. Gottfried Wilhelm Leibniz. C.H. Beck 2000.

Look, Brandon C. The Bloomsbury Companion to Leibniz. Bloomsbury Publishing 2014. (Den "Bloomsbury Companion" gibt es auch zu weiteren Philosophen.)

Look, Brandon C. Leibniz`s Final Metaphysics. In: Michael Kempe (Hg.), Leibniz` letztes Lebensjahr, S. 319 ff.

Meier-Oeser, Stephan. Zur Leibniz-Clarke-Kontroverse. In: Michael Kempe (Hg.), Leibniz` letztes Lebensjahr, S. 293 ff.

Messer, Burkhard. Die Monadenlehre von Gottfried W. Leibniz. Eine spirituelle Interpretation. Vortrag, gehalten im Zentrum Hannover (Striehlstr. 29) der Internationalen Schule des Goldenen Rosenkreuzes LECTORIUM ROSICRUCIANUM e.V. am 20. Nov. 2016. (Prof. Messer lehrt an der HTW Berlin = Hochschule für Technik und Wirtschaft Berlin.)

Messer, Burkhard und Wenchao Li. Leibniz und das Gute in der Welt. (Das Buch soll 2018 im Verlag Leibniz-Bücherwarte in Bad Münder erscheinen.)

Meyers Enzyklopädisches Lexikon in 25 Bänden. Ausgabe 1980. Mannheim, Wien, Zürich: Bibliographisches Institut 1980. Die weitere Bezeichnung dieses Lexikons lautet: *Neunte, völlig neu bearbeitete Auflage zum 150jährigen Bestehen des Verlages. Mit 100 signierten Sonderbeiträgen.* – Das Lexikon hat zusätzlich ein dreibändiges „Deutsches Wörterbuch", in dem auch Fachbegriffe und Fremdwörter enthalten sind.

Minois, Georges. Geschichte des Atheismus. Von den Anfängen bis zur Gegenwart. Weimar: Verlag Hermann Böhlaus Nachfolger 2000. (Darin an einigen Stellen über Leibniz)

Mittelstraß, Jürgen (Hg.). Enzyklopädie Philosophie und Wissenschaftstheorie. Stuttgart: Verlag J.B. Metzler 2004. (4 Bände) Siehe darin das mehrseitige Stichwort „Leibniz" mit einer umfangreichen Bibliographie.

Mongin, Jean Paul. Leibniz oder die beste der möglichen Welten. Diaphanes Verlag 2015. (Ein Jugendbuch)

Müller, Kurt und Gisela Krönert (Bearb.). Leben und Werk von G.W. Leibniz. Eine Chronik. Frankfurt: Verlag Vittorio Klostermann 1969.

<u>**N.N.**</u> Leibniz: Der Mathematiker. (Quelle: Internetseiten zum Leibniz-Jahr 2016)

<u>**N.N.**</u> The Continuum Companion to Leibniz. Bloomsbury Academicus 2011.

<u>**Neue Deutsche Biographie**</u> (NDB). Herausgegeben von der Bayrischen Akademie der Wissenschaften. (Im März 2013 lagen 25 Bände vor, bis 2020 sollen 28 Bände vorliegen. Die Biographie kann auch online benutzt werden; siehe Internet.)

<u>**O`Hara, James G**</u>. Leibniz, Leeuwenhoek und die Entwicklung der experimentellen Naturwissenschaft. In: Michael Kempe (Hg.), 1716 – Leibniz` letztes Lebensjahr, S. 145 ff.

<u>**Padova, Thomas de**</u>. Leibniz, Newton und die Erfindung der Zeit. München: Piper Verlag 2015.

<u>**Palumbo, Margherita**</u>. Leibniz` letzte Anschaffungen für seine Privatbibliothek. In: Michael Kempe (Hg.), 1716 – Leibniz` letztes Lebensjahr, S. 59 ff.

<u>**Pape, Ingetrud**</u>. Leibniz. Zugang und Deutung aus dem Wahrheitsproblem. Stuttgart: Riederer Verlag 1949 (antiquarisch erhältlich).

<u>**Pelletier, Arnauld**</u> (Hg.). Leibniz and the aspects of reality. Franz Steiner Verlag 2015.

<u>**Peres, Constanze und Dirk Greimann**</u> (Hg.). Wahrheit – Sein – Struktur. Auseinandersetzungen mit Metaphysik. Georg Olms AG 2000.

<u>**Philosophisches Wörterbuch**</u>. Begründet von Heinrich Schmidt. Einundzwanzigste Auflage. Neu bearbeitet von Prof. Dr. Georgi Schischkoff. Stuttgart: Alfred Kröner Verlag 1982. (Darin ein umfangreiches, inhaltsreiches Stichwort „Leibniz", mit Literaturangaben)

<u>**Pichler, Hans**</u>. Leibniz. Ein Harmonisches Gespräch. (Classic Reprint). Forgotten Books 2016.

Popp, Karl und Erwin Stein (Hg.). Gottfried Wilhelm Leibniz. Das Wirken des großen Universalgelehrten als Philosoph, Mathematiker, Physiker und Techniker. Hannover 2000.

Poser, Hans. Leibniz` Philosophie. Über die Einheit von Metaphysik und Wissenschaft. Meiner Verlag 2016.

Preuße, Holger (Regie). [Ein dokumentarischer Film über Leibnizens Leben und Wirken. Gesendet auf Arte am 30. Nov. 2016. Hergestellt vom ZDF.]

Ratschow, Carl Heinz. Gottfried Wilhelm Leibniz. In: Martin Greschat (Hg.), Gestalten der Kirchengeschichte, Band 8 (Titel „Die Aufklärung"), S. 121-156.

Rohr, Alheidis von. Die drei Hallermundrosen im Wappen des Reichsgrafen von Platen. In: Springer Jahrbuch 2015, S. 48-55. – Der Aufsatz beschreibt die atemberaubende und trickreiche Karriere des Franz Ernst von Platen im Dienste des Kurfürsten Ernst August, dem er zuletzt als Ministerpräsident diente. Platens Ehefrau Clara Elisabeth wurde die offizielle Mätresse („maitresse en titre") des Kurfürsten – bis zu dessen Tod, was für die Kurfürstin Sophie ein Ärgernis war. Die Autorin verfolgt zudem die Geschichte der Grafen von Platen-Hallermund bis in die Gegenwart und befasst sich ausführlich mit der Geschichte des Platenschen Wappens. – Ich weise darauf hin, dass ein Graf August von Platen ein bedeutender Dichter in der Zeit der Romantik war. – Kurfürst Ernst August war der zweite der hannoverschen Herzöge, denen Leibniz als Bibliothekar etc. diente. Die Gräfin Platen spielte eine Schlüsselrolle in der berühmten Königsmarck-Affäre.

Ross, George MacDonald. Gottfried Wilhelm Leibniz. Leben und Denken. Bad Münder, Leibniz-Bücherwarte 1990. (Englische Ausgabe 1984)

Rudolph, Hartmut, Cook, Daniel und Schulte, Christoph (Hg.) Leibniz und das Judentum. Studia Leibnitiana. Sonderhefte 34.

Stuttgart 2008 (283 Seiten). (Siehe im Internet unter Hartmut Rudolph weitere Veröffentlichungen über Leibniz)

Russell, Bertrand. Philosophie des Abendlandes. Piper Taschenbuch Nr. 4208, 2004. (Originaltitel: „A History of Western Philosophy", London 1945) Darin ein Kapitel über Leibniz.

Russell, Bertrand. Denker des Abendlandes. Eine Geschichte der Philosophie. Bindlach: Gondrom Verlag 1997.

Schepers, Heinrich. Leibniz. Wege zu seiner reifen Metaphysik. Akademie Verlag. (Siehe weitere Literaturangaben zu Leibniz im Internet unter „Leibniz-Stiftungsprofessur")

Schmidt, Werner. Friedrich I. Kurfürst von Brandenburg und König in Preußen. München: Hugendubel Verlag (Diederichs) 2004. (Darin über Leibniz am Hof in Berlin)

Schönherr-Mann, Hans-Martin. Besprechung des Buches „Der berühmte Herr Leibniz – Eine Biografie" von Eike Christian Hirsch (überarbeitete Neuauflage, München: C.H. Beck Verlag 2016). Rezensiert als „Buch der Woche" in der Sendung „Büchermarkt" des DLF am 13. Nov. 2016.

Schubert, Jens U. und Georg Ruppelt. Die Abrafaxe unterwegs mit Gottfried Wilhelm Leibniz. Mosaik Verlag 2016. (Ein Comic-Buch für Kinder)

Schupp, Franz. Geschichte der Philosophie im Überblick. Felix Meiner Verlag 2000. (3 Bände)

Schwenner, Lara. Gottfried Wilhelm Leibniz – Wegbereiter des Computers. FOCUS Online, 25. Juli 2016. – Zitate daraus: *Die Erfindung des Computers geht zwar auf den Ingenieur Konrad Zuse zurück, doch Wegbereiter für die modernste Rechenmaschine der Welt war Gottfried Wilhelm Leibniz. Die von Leibniz entwickelte Rechenmaschine „war für die damalige Zeit ein enormer Fortschritt. Denn erstmals konnte ein Teil der Hirnarbeit – nämlich das Rechnen – durch eine mechanisierte Maschine übernommen wer-*

den. […] Etwas später entdeckte Leibniz, dass sich Rechenprozesse viel einfacher mit einer binären Zahlencodierung durchführen lassen. In einer Abhandlung für die Academie des Sciences in Paris legte er schließlich das auf Nullen und Einsen basierende Zahlensystem dar. Nach seiner Devise „Ohne Gott ist nichts" setzte er in seinem System für Gott die Eins und für das Nichts die Null. Die Eins stand somit für „wahr" und die Null für „falsch" [– auch einfach für „ja" und „nein", JGR]. *Mit dieser Zahlennotation interpretiert heute jeder Computer die gesamte Welt, und das Binärsystem gilt als universelle Maschinensprache. […] Gottfried Wilhelm Leiniz soll ein rastloser Geist in einem rastlosen Körper gewesen sein. Über sich selbst schrieb er: „Beim Erwachen hatte ich schon so viele Einfälle, dass der Tag nicht ausreichte, um sie niederzuschreiben."* [… Leibniz schreibe der Schöpfung Gottes eine „wunderbare Ordnung" zu. Diese spiegele sich vor allem in der Unveränderlichkeit der Zahlen wider.] *Die feudale Ordnung seiner Zeit stellte der Wissenschaftler nie in Frage, und um seine Ziele durchzusetzen soll er weder Intrigen noch Illoyalität gescheut haben. […] Als Philosoph prägte Leibniz den oft fehlinterpretierten Satz, unsere Welt sei die „beste aller möglichen Welten". Er meinte damit allerdings nicht, dass die Welt in ihrem aktuellen Zustand die beste sei. Vielmehr soll er zum Ausdruck gebracht haben wollen, dass eine sich ständig weiterentwickelnde und dynamische Welt die beste ist.*

Schwennicke, Christoph. Das Denken der Sterne. Cicero 8/2016, S. 3 (= Leitartikel des Chefredakteurs; das Heft hatte Leibniz als thematischen Schwerpunkt. Titel des Heftes: <u>Der klügste Deutsche</u>. Das Universum des Gottfried Wilhelm Leibniz. Das Heft enthält ein Interview mit drei Leibniz-Forschern. Siehe unter Bredekamp.). – <u>Der Leitartikel beginnt folgendermaßen:</u> *Im kollektiven Bewusstsein geblieben ist von ihm ein Missverständnis. Schon Voltaire verulkte* *in seinem „Candide" die „beste aller möglichen Welten", von der Gottfried Wilhelm Leibniz schrieb – und übersah wie viele ungleich kleinerer Geister, dass der Universalgelehrte der Frühaufklärung diese beste aller Welten nicht in ihrer real existierenden Form meinte, sondern in deren Möglichkeiten.*

Serie: Leibniz 2016. – Jede Folge dieser HAZ-Serie hat am Anfang die folgende Charakterisierung: *Bis zu Leibniz' 300. Todestag am 14. November präsentiert die HAZ in Zusammenarbeit mit der Leibniz-Professur der Leibniz-Universität Hannover jeweils sonnabends kurze Texte, die sich mit besonderen, weniger beachteten Aspekten in Leben und Werk des Gelehrten beschäftigen.* (Die Serie lief von Juni bis November 2016, jedoch <u>nicht an jedem</u> der Sonnabende.)

Sonar, Thomas. Der Tod des Gottfried Wilhelm Leibniz. Wahrheit und Legende im Licht der Quellen. Abhandlungen der Braunschweigischen wissenschaftlichen Gesellschaft, Band 59, 2007, S. 161-201. (Auch im Internet zu lesen)

Sonar, Thomas. Die Geschichte des Prioritätsstreits zwischen Leibniz und Newton. Geschichte – Kulturen – Menschen. Mit einem Nachwort von Eberhard Knobloch. Berlin: Springer Verlag 2016.

Stammler, Gerhard. Leibniz. München: Reinhardt Verlag 1930. (antiquarisch erhältlich)

Stein, Erwin und Annette von Boetticher (Hg.). Leibniz aktuell an der Leibniz-Universität Hannover. Dokumentation einer Veranstaltung vom 1. Juli 2010 (= Hefte der Leibniz-Stiftungsprofessur, hg. Wenchao Li, Band 1). – Produktbeschreibung: *Die Leibniz-Stiftungsprofessur hat sich unter anderem die Aufgabe gestellt, durch wissenschaftliche Arbeiten und öffentliche Veranstaltungen die Verbundenheit von Hochschule und Stadt mit Leben und Werk des großen Universalgelehrten zum Ausdruck zu bringen und eine breite Öffentlichkeit für Leibniz' Denken und seine Schriften zu interessieren. Teile der Ergebnisse, die aus den Tätigkeiten der*

Professur entstehen, werden in der vorliegenden Schriftenreihe dokumentiert und dem interessierten Leser zugänglich gemacht.

Es ist dem Herausgeber wichtig, bei der Themenauswahl die Vielfalt des Leibniz'schen Wirkens und die alles durchdringende Einheit des Leibniz'schen Denkens deutlich in den Vordergrund zu stellen.

Wenchao Li, Prof. Dr. phil. habil., Jahrgang 1957, ist Leiter der Potsdamer Leibniz-Editionsstelle der Berlin-Brandenburgischen Akademie der Wissenschaften und verantwortlich für die historisch-kritische Edition der Politischen Schriften von Leibniz; seit 2010 hat er zugleich die Leibniz-Stiftungsprofessur an der Leibniz Universität Hannover inne. Li ist Vorstandsmitglied der Gottfried-Wilhelm-Leibniz-Gesellschaft.

Erwin Stein, Prof. Dr.-Ing. habil.[… mit mehreren weiteren akademischen Titeln], ist Professor em. am Institut für Baumechanik und Numerische Mechanik an der Leibniz Universität Hannover.

Annette von Boetticher, Dr. phil., ist Lehrbeauftragte am Historischen Seminar der Leibniz Universität Hannover.

Stein, Erwin und Karl Popp. Gottfried Wilhelm Leibniz: das Wirken des großen Universalgelehrten als Philosoph, Mathematiker, Physiker, Techniker: Bilder und Texte zur Leibniz Ausstellung 2000. Verlag Wiley/VCH, 2000.

Stein, Erwin, René de Borst, Thomas J. R. Hughes (Hg.). Encyclopedia of Computational Mechanics, 3 Bände, Wiley 2004.

Stewart. Matthew. The Courtier and the Heretic: Leibniz, Spinoza and the Fate of God in the Modern World. W.W. Norton & Co. 2007.

Störig, Hans Joachim. Kleine Weltgeschichte der Philosophie. Stuttgart: W. Kohlhammer 16. Auflage 1995.

Störig, Hans Joachim. Kleine Weltgeschichte der Wissenschaft. Fischer Taschenbuch 2007.

Stuber, Regina. Leibniz` Bemühungen um Russland: eine Annäherung. In: Michael Kempe (Hg.), 1716 – Leibniz` letztes Lebensjahr, S. 203 ff.

Stupperich, Martin (Red.). Leibniz in Hannover oder wo die Nachwelt Hannovers größten Bürger heute findet. Katalog zur Ausstellung 2004. Herausgegeben von der Leibnizschule Hannover (Postanschrift: Röntgenstr. 8, 30168 Hannover, Tel. 0511-168 43460). Großburgwedel: AALEXX Druck.

Taylor, Robert W. (In den Nachrichten des Deutschlandfunks wurde am 12. April 2017 sein Tod mitgeteilt: *Der Informatiker starb im Alter von 85 Jahren in Kalifornien [...]. Taylor hatte als Mitarbeiter des US-Verteidigungsministeriums im Jahr 1966 die Entwicklung eines einfachen Computersystems vorangetrieben. Es verband Forscher in mehreren Unternehmen und Einrichtungen im ganzen Land. Daraus ging das Internet hervor. Später entwickelte Taylor mit einem Team erstmals einen Computer, bei dem Nutzer Befehle über Fenster und Menüs statt über Text in Programmiersprache geben konnten. Zudem half er bei der Entwicklung einer der ersten Internet-Suchmaschinen.*)

Tenhaven, Ian (Buch und Regie). Die Silicon Valley-Revolution. Wie ein paar Freaks die Welt veränderten. Dokumentarfilm, D 2017. Gesendet auf Arte am 18. April 2017. (Neben vielen anderen werden Lee Felsenstein und der Computerhistoriker Bruce Damer interviewt.)

Tochtermann, Klaus (im Interview). „Die Wissenschaft der Zukunft wird offener arbeiten." Leibniz 2/2016, S. 96-99. – <u>Vorspann des Interviews</u>: *Zugang für alle, statt horrender Abogebühren. Doch der Weg zu lizenzfreier wissenschaftlicher Literatur ist kein Selbstläufer. „Open Access muss eine flächendeckende Bewegung werden", sagt Klaus Tochtermann.* <u>Über Tochtermann wird in dem Artikel mitgeteilt</u>: *KLAUS TOCHTERMANN ist Direktor der ZBW – Deutsche Zentralbibliothek für Wirtschaftswissenschaften – Leibniz-*

Informationszentrum Wirtschaft sowie Universitätsprofessor für Medieninformatik an der Christian-Albrechts-Universität zu Kiel. Der Informatiker ist Sprecher des Leibniz-Forschungsverbundes „Science 2.0", in dem sich 35 Leibniz-Institute unterschiedlicher Disziplinen mit Universitäten und Forschungseinrichtungen aus Deutschland, Österreich und der Schweiz zusammengeschlossen haben. Zudem ist er Mitglied der „High Level Expert Group" zur Entwicklung der „European Open Science Cloud".

Totok, Wilhelm und Carl Haase (Hg.). Leibniz. Sein Leben – Sein Wirken – Seine Zeit. Hannover: Verlag für Literatur und Zeitgeschehen 1966.

TV-Dokumentation (über das Leben des Computer-Entwicklers Heinz Nixdorf; gesendet auf WDR3 im Mai 2016) – „Die Nixdorf Computer AG wurde 1968 als Nachfolger des Labors für Impulstechnik in Essen von Heinz Nixdorf gegründet. Das Unternehmen gehörte zu den bedeutendsten und innovativsten Computerherstellern in Europa." (Wikipedia) Der größte Fehler in Nixdorfs Firmengeschichte war es, dass er sich nicht an der Entwicklung von „Personal Computers" (PCs) beteiligen wollte.

Volpi, Franco (Hg.). Großes Werklexikon der Philosophie. Stuttgart: Alfred Kröner Verlag 2004. (2 Bände) – Darin sind mehrere der Leibnizschen Werke zusammengefasst.

Wahl, Charlotte. Zum Prioritätsstreit zwischen Leibniz und Newton. In: Michael Kempe (Hg.), 1716 – Leibniz` letztes Lebensjahr, S. 111 ff.

Waldhoff, Stefan. Über den Tod hinaus – Leibniz und die Geschichte des Welfenhauses. In: Michael Kempe (Hg.), Leibniz` letztes Lebensjahr, S. 355 ff.

Weeg, Hilde. Vordenker, auch fürs Computerzeitalter: Zum 300. Todestag von Leibniz. In der Sendung „Fazit" des Deutschlandfunks am 13. Nov. 2013.

Weeg, Hilde und Alexander Budde. „Die Wahrheit ist weiter verbreitet, als man glaubt …". Die Lange Nacht über Gottfried Wilhelm Leibniz. Deutschlandfunk, 12. Nov. 2016. (In der dreistündigen, sehr inhaltreichen Sendung wird u.a. ein hervorragendes Resümee des Prioritätsstreits Newton-Leibniz gezogen und die Bedeutung der beiden Gelehrten in der Wissenschaftsgeschichte vergleichend dargestellt. Die Schwierigkeiten, Leibnizens Nachlass aufzuarbeiten und zu edieren, werden geschildert, und es werden diverse wissenschaftstheoretische und wissenschaftspraktische Fragen erörtert, die sich bei der Beschäftigung mit Leibniz ergeben.)

Weischedel, Wilhelm. Die philosophische Hintertreppe. 34 große Philosophen in Alltag und Denken. München: Deutscher Taschenbuch Verlag (dtv), 23. Auflage 1993.

Weiß, Ulrike. Dame, Herzog, Kurfürst, König. Das Haus der hannoverschen Welfen 1636-1866. Erschienen in der Reihe: Schriften des Historischen Museums Hannover. (Darin auch die Arbeitgeber Leibnizens: drei Herzöge von Hannover)

Weizsäcker, Carl Friedrich von. Wahrnehmung der Neuzeit. DTV-Taschenbuch Nr. 10 498, 1983. – Das Buch enthält Vorträge und Aufsätze des Autors von 1945 bis 1983. Hauptanliegen sei die *„Wahrnehmung der Neuzeit und ihrer Krisen"*. Das Ziel sei: *„die Neuzeit sehen zu lernen, um womöglich besser in ihr handeln zu können"*. Leibniz wird an vier Stellen des Buches genannt.

Wellmer F.-W., W. Lampe & J. Gottschalk: Das Konzept der Leibniz-Wanderwege in und um Clausthal-Zellerfeld herum. Ausbeute, Mitteilungsblatt der AG Harzer Montangeschichte, 2015, Heft 4, 14. Jahrgg., 2014,S. 12-23.

Wellmer, F. W. & J. Gottschalk: Leibniz' Scheitern im Oberharzer Silberbergbau– neu betrachtet, insbesondere unter klimatischen Gesichtspunkten. In: H. Breger, J. Herbst & S. Erdner (Hrsg.): Natur und Subjekt, IX. Intern. Leibniz-Kongress, Hannover, Bd. 3, S. 1183- 1188.

Wellmer, F.-W. & E. Stein & J. Gottschalk: Leibniz und der Oberharzer Silberbergbau – Technische Erfindungen und Verbesserungen. Unimagazin – Forschungsmagazin der Leibniz Universität Hannover, Ausgabe 01/02, 2016, S. 34-37.

Wellmer, F.-W. & E. Stein & J. Gottschalk: Leibniz und der Oberharzer Silberbergbau – Technische Erfindungen und Verbesserungen. LeibnizCampus – Magazin für Ehemalige und Freunde der Leibniz Universitat Hannover, Ausgabe 16, Juni 2016, S. 26- 29.

Wellmer, F.-W. & J. Gottschalk: Die Aktivitäten des Weigel-Schülers Paul Heigel im Harzer Berg- und Forstwesen. In: K. Habermann & K.-D. Herbst (Hg.): Erhard Weigel (1625-1699) und seine Schüler. Universitätsverlag Göttingen 2016, S.29-49.

Wellmer, F.-W. & J. Gottschalk: Die Beschäftigung des Universalgelehrten Gottfried Wilhelm Leibniz (1646-1716) mit Geologie und Bergbau. BHM (Berg- und Hüttenmännische Monatshefte) 2/2015, S.60-70.

Wellmer, F.-W. & J. Gottschalk: Die Beschäftigung des Universalgelehrten Gottfried Wilhelm Leibniz (1646 -1716) mit Geologie und Bergbau. Geohistorische Blätter 23 (2013), S. 163-202.

Wellmer, F.-W. & J. Gottschalk: Die Holzwirtschaft im hannoverschen Welfenterritorium – Leibniz' blinder Fleck?! In: W. Li (Hg): „Für unser Glück oder das Glück anderer", Vorträge des X. Internationalen Leibniz-Kongresses Hannover, 18.-23. Juli 2016, Band V, S. 393-411. Hildesheim (Olms) 2016.

Wellmer, F.-W. & J. Gottschalk: Leibniz' Scheitern im Oberharzer Silberbergbau– neu betrachtet, insbesondere unter klimatischen Gesichtspunkten. Studia Leibnitiana, Bd. XLII (2010), S.186- 207 (erschienen 2012).

Wellmer, F.-W. & J. Gottschalk: Vorschläge des Universalgelehrten Gottfried Wilhelm Leibniz für technische Verbesserungen im Oberharzer Silberbergbau. In: O. Langefeld und G. Lenz (Hg.): Persönlichkeiten im Harzer Bergbau. Clausthal-Zellerfeld (Papierflieger) 2016, S. 48-76.

Wellmer, F.-W. & V. Dennert: Einleitender Kommentar zu H. Dennert (†): Gottfried Wilhelm Leibniz und der Bergbau im Oberharz. Der Anschnitt 60, 2008, Heft 2, S. 94-96.

Wellmer, F.-W.: "Einleitung" zu G.W. Leibniz: Protogaea. Nachdruck Hildesheim, Olms Verlag, 2014, S. VII- LVIII.

Wellmer, Friedrich-W. (Hg.): Gottfried Wilhelm Leibniz: Protogaea – mit einer Einführung. 217 Seiten. Hildesheim, Zürich, New York: Olms Verlag, 2014.

Wernstedt, Rolf. Leibniz neu denken. Franz Steiner Verlag 2009.

Wernstedt, Rolf. Leibniz in der Gegenwart. Beiträge zu Aktualisierungspotentialen Leibnizschen Denkens. Mit einem Text von Gerhard Schröder [= Bundeskanzler a.D.] Hannover: Druckerei Hartmann 2010. (Das Buch enthält 12 „Vorträge, Einleitungen, Aufsätze und gelegentliche Arbeiten aus aktuellen Anlässen" des Autors. Sie entstanden im Zusammenhang mit seiner Tätigkeit als Präsident der Gottfried-Wilhelm-Leibniz-Gesellschaft. JGR)

Westhoff, Andrea. Der letzte Universalgelehrte: Vor 300 Jahren starb Gottfriede Wilhelm Leibniz. Sendung „Kalenderblatt" des Deutschlandfunks am 14. Nov. 2016.

Widdau, Christoph S. Cassirers Leibniz und die Begründung der Menschenrechte. Berlin: Springer Verlag 2016.

Wieh, Hermann. Niels Stensen. Sein Leben in Dokumenten und Bildern. Würzburg: Echter Verlag 1988. (Stensen und Leibniz hatten am herzoglichen Hof in Hannover Kontakt zueinander.)

Wilpert, Gero von. Lexikon der Weltliteratur. Deutscher Taschenbuch Verlag 1997 und Alfred Kröner Verlag 3. Auflage 1988. (4

Bände) – Darin eine Zusammenfassung von Voltaires satirischem Roman „Candide", der Leibnizens These von der „besten aller möglichen Welten" aufs Korn nimmt.

Zankl, Heinrich. Hinterhältiges Genie. Newtons Attacken auf Leibniz. In: Heinrich Zankl, Kampfhähne der Wissenschaft. Weinheim: WILEY-VCH Verlag 2010.

Zeitschrift: Leibniz. Das Magazin der Leibniz-Gemeinschaft. (Mit dem Untertitel: *Die beste der möglichen Welten ... bewegt.*) Ein kostenloses Abonnement kann bei der Gemeinschaft (bestewelten.de) bestellt werden.

Über den Verfasser:

Dr. phil. Johann-Georg Raben wurde 1944 im Landkreis Grafschaft Bentheim im westlichen Niedersachsen geboren. Er hat in Münster Germanistik, Anglistik und Psychologie studiert und 1983 in Salzburg mit einer Dissertation über „kathartische" Psychotherapien (Primärtherapie etc.) promoviert. 1990 veröffentlichte er im Selbstverlag eine „Bibliographie zur Primärtherapie, pränatalen und transpersonalen Psychologie" (ca. 60 Seiten), die u.a. an der Universitätsbibliothek Münster vorhanden ist. 2014 erschien – aus Anlass des Jubiläums 1714/2014 der Personalunion Hannover-England – beim Verlag Books on Demand sein Buch „Gestalten der englischen und hannoverschen Geschichte".
Johann-Georg Raben hat sich seit seiner Schulzeit stark für sein Hobby Geschichte interessiert und speziell über die Regionalgeschichte des Emslandes, der Grafschaft Bentheim und der benachbarten Niederlande geforscht (siehe seine Homepage – nur den vollständigen Namen googeln). Er lebt in seinem Heimatort Veldhausen, einem Ortsteil der Stadt Neuenhaus an der Dinkel.